战略思维

HOW TO BE STRATEGIC

［英］弗雷德·佩拉德 —— 著
（Fred Pelard）

王建志 —— 译

中信出版集团｜北京

图书在版编目（CIP）数据

战略思维 /（英）弗雷德·佩拉德著；王建志译. -- 北京：中信出版社，2022.11
书名原文：How to Be Strategic
ISBN 978-7-5217-4249-7

Ⅰ.①战… Ⅱ.①弗… ②王… Ⅲ.①企业战略－战略管理 Ⅳ.①F272.1

中国版本图书馆CIP数据核字（2022）第063606号

HOW TO BE STRATEGIC
Copyright © Fred Pelard, 2020
Simplified Chinese translation copyright © 2022 by CITIC Press Corporation
First published in Great Britain in the English language by Penguin Books Ltd.
All rights reserved
本书仅限中国大陆地区发行销售
封底凡无企鹅防伪标识者，均属未经授权之非法版本

战略思维
著者：[英]弗雷德·佩拉德
译者：王建志
出版发行：中信出版集团股份有限公司
（北京市朝阳区惠新东街甲 4 号富盛大厦 2 座　邮编　100029）
承印者：宝蕾元仁浩（天津）印刷有限公司

开本：880mm×1230mm　1/32　　印张：9.25　　字数：190千字
版次：2022 年 11 月第 1 版　　　印次：2022 年 11 月第 1 次印刷
京权图字：01–2020–6585　　　　书号：ISBN 978–7–5217–4249–7
定价：65.00 元

版权所有·侵权必究
如有印刷、装订问题，本公司负责调换。
服务热线：400–600–8099
投稿邮箱：author@citicpub.com

目 录

引 言 001

第一部分
如何解决复杂问题（"思考"）

第一章　四条思维路径　003
　　阶梯式专业执行　005
　　潜艇式分析研究　008
　　直升机式创造发现　014
　　过山车式战略思维　022

第二部分
如何快速产生好想法("向上")

第二章　金字塔原理 037
在项目初期使用金字塔原理 037
使用金字塔原理的示例 047
金字塔原理的四重好处 053
金字塔原理练习：如何拥有美好的人生 054

第三章　快乐线 058
衡量客户满意度的快乐线 058
快乐线的例子 066
快乐线的实际操作 073
快乐线练习：如何让你的老板满意 076

第四章　突变游戏 080
达尔文主义在商业上的应用 080
突变游戏的例子和练习 089
突变游戏的实际操作 096
突变游戏练习：麦肯锡如何拓展业务 099

第三部分
如何迅速排除不合适选项（"向下"）

第五章　收益表现　107
收益表现矩阵　107

收益表现实例　117

实践中的收益表现矩阵　122

收益表现练习：如何改变脸书　126

第六章　场景分析　129
五个关键数据点　129

场景分析的四个关键可视化工具　132

场景分析案例　146

场景分析练习：如何解决新西兰的星巴克问题　153

第七章　精益创业　157
实践中的精益创业　157

精益测试　162

精益测试实例　167

精益创业练习：如何重新调整荷兰人的尺寸　176

第四部分
如何使最佳解决方案获得认可("推进")

第八章 有效的关键词 185
神经语言程序学 185
关于神经语言程序学的一个例子 192
十种说服他人的方法 198
有力的语言练习:如何推销一家新企业 202

第九章 简单的数据 205
令人印象深刻的指标 205
袖珍版净现值模型 213
简单的数据例子 219
简单的数据练习:如何利用爱彼迎交朋友 221

第十章 令人信服的故事 224
在项目末期使用金字塔原理 224
整个项目中都使用金字塔原理的例子 229
广告界的自信气势 233
针对令人信服的故事进行练习:
如何使组织具备战略性 238

第五部分
战略思维者如何不断精进（"重复"）

第十一章　战略思维的五个关键提示　247
提示1：第三种解决方案通常是最好的　247
提示2：小团队"向上"，大团队"向下"　250
提示3：便利贴比笔强大　253
提示4：先投票，再争论　256
提示5：对人工智能说"你好"　260

第十二章　结　论　265

致　谢　277

引 言

努力、天赋、人脉、运气，这些都是成功人生的重要因素。在商业领域，不管你选择追求什么，要想成功，你还需要增加一个要素，即"战略能力"。如果你愿意的话，也可以称之为"巧妙地工作"的能力。

战略思维是一种技能，而且这种技能是可以学习的。在过去的20年里，我一直在向60多个机构的1万多名高管讲授这门课程。优秀的战略思考技能可以归纳为两点：一是特定的思维模式（用来解决所有战略问题中都存在的不确定性），二是广泛的工具集（基于极少的实际数据来制定可靠的解决方案）。这本书包括五个部分。第一部分和最后一部分关注思维模式，中间三部分关注工具集。

- 如何解决复杂问题（"思考"）？
- 如何快速产生好想法（"向上"）？

- 如何迅速排除不合适选项（"向下"）？
- 如何使最佳解决方案获得认可（"推进"）？
- 战略思维者如何不断精进（"重复"）？

"思考"使不同的人在处理复杂问题时使用截然不同的方法。这一部分阐明了用于解决复杂问题的内行、分析、创新和战略方法，以及每种方法是如何依赖不同数据、结构和聪明才智的相互融合的。"思考"以过山车式战略思维（图1）作为最终的思维模式，它让你更巧妙地工作，并不是更努力地工作，而"向上—向下—推进"则是实现这一目标的实用方法。

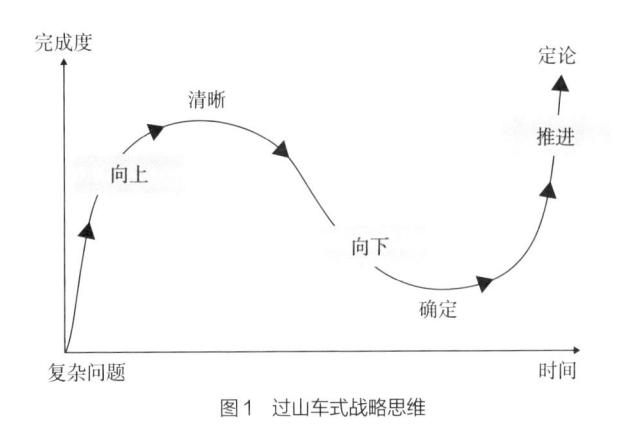

图1 过山车式战略思维

"向上"是三种快速产生好想法的结构化技巧。就像沙漠中的骆驼一样，每一项技术都能让你用很少的水（也就是数据）就能走得很远。在此，我提出三个问题："实现我们所追求的成功需要什么?""目前我们能否很好地满足客户的需求和期望?""还有哪些更成功的业务形式是我们没有意识到的?""向上"可以让你在任何战略问题上都能迅速达到清晰的状态。

"向下"运用了另外三种分析技巧(可以迅速排除很多选项)。这三个技巧分别是:一个想法比你将来能想到的所有其他想法都好;现在可以证明它能作为一个蓝本存在;过去可用的数据与现在及未来试验的结论基本一致。随着时间的推移,在任何战略问题上,"向下"都会有条不紊地把你带到一个确定的境地。

"推进"涵盖了三个打包式技巧,从而达成最佳解决方案。这些技巧包括以下几方面的指导:用简明易懂的话来表述你的答案;用金钱来估算;创造一个令人信服的故事。"推进"会让你的利益相关者(老板、客户、同事等)信服,让他们赞同你的战略性建议。

"重复"提供了终身的建议,以帮助你不断精进,从而成为一个战略思考者。"先投票,然后辩论""小团队快速行动""第三种解决方案往往是最好的"等口号会被进一步阐明,为你未来10年的职业生涯提供一个非常实用的路线图。"重复"让你对自己的能力充满信心,微笑着迎接未来的所有战略挑战,并且解决它。

这本书的每一页都通过清晰的结构、令人难忘的视觉效果、具体的例子和简单的原则,帮助你变得更具战略性。"向上—向下—推进""向上—向下—推进"！无论你面临什么样的战略问题，这本书都能给你提供若干实用的最佳技巧组合，它们已被提炼成一个简单的框架来支持你的学习和进一步发展。请继续阅读本书并运用它更巧妙地工作吧！别担心，我相信它能够帮助你。

第一部分

如何解决复杂问题
("思考")

第一章
四条思维路径

我们怎样才能更有战略能力呢？一个高管、企业家或自由职业者成功的标志是比同行或竞争对手更具战略能力。不仅要有应对好日常运营问题的能力，还要有更好的对未来的预知能力和掌控能力。为你、你的团队、你的客户或你的公司，在不确定性中寻找一条通向长期最佳解决方案的道路。

战略思维是一种技能。比如数独、自拍或用牙线清洁牙齿，有些人生来就擅长此道。其他人，像你和我，可以学习技巧，随着时间的推移，练习得越来越好并很快变得擅长。战略的核心是一种心态，它是一种解决问题的方法，而不是关于你有多少年的经验，或者你能不能在 Excel（电子表格）上处理数据。它甚至不是关于你的智商有多高，或者你知道多少商业理论，而只是你思考问题的方式。那么，接下来，让我们来谈谈你的思考方式。

在大多数解决问题的活动中，尤其是在企业中，利益相关者（客户、老板等）为你提供了一定的时间来完成特定的任务。此时，我们可以利用图形绘制大多数解决问题的活动（图1-1），其中横轴记录解决问题所花费的时间，纵轴记录问题完成的百分比。该图形上的每个问题的解决都从左下角开始，在右上角结束，并在限定的时间内全部完成。图形的左下角是"复杂问题"。在项目开始之前，要求你提供帮助的利益相关者（你的老板、客户等）对于答案并不确定。他们发现问题很复杂，需要一些帮助。他们要求你花些时间给出让他们满意的答案。图中的右上角是"定论"角。到那时，你的利益相关者期望在结束的时候完成100%的目标，给出一个让他们信服的答案。

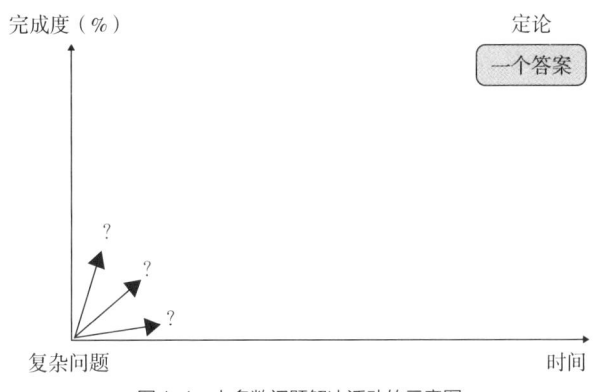

图1-1 大多数问题解决活动的示意图

思考问题解决方案就好比随着时间的推移，人们经历了一场从复杂问题到得出定论的美妙旅程。你很快就会意识到，从"复杂问题"角到"定论"角有四种非常不同的方式。

- 阶梯式专业执行。
- 潜艇式分析研究。
- 直升机式创造发现。
- 过山车式战略思维。

每条路线在图上均遵循不同的路径。所有路线都从左下角（"复杂问题"）开始，到右上角（"定论"）结束，但途经的路径不同。大多数人不了解这四条路线，因此，他们对面临的所有问题，通常都会使用一种相同的方法来解决。当你知道更多的完成途径时，你可以选择更令自己满意的方法解决更多问题，尤其是最棘手的问题。变得更具战略性的第一步是反思你的思维方式，并认识你当前解决问题的习惯和偏好。

阶梯式专业执行

阶梯式专业执行是我们大多数人在解决问题时没有意识到的一种方法。我们只执行已知的解决方案，或者请另一位精于此道的人来帮助我们。

生活中的许多问题，我们在开始之前就已经对最终答案有了很好的了解，比如系鞋带、搬家、实施新的人力资源流程或供应链流程等。

每个人想一下，假设你早上穿了一双鞋，必须要系好鞋带。对于五岁以上的大多数人来说，系鞋带不再是一个需要复杂思考的问题。我们从一开始就能知道最终答案。完成的时间可能是五秒钟，我们就能将鞋带完美地系好，我们确切地知道我们如何去完成它，并且随着时间的推移，会有明显的进展：我们将成为系鞋带的专家。

在商业环境中，想象你的公司正在竭力推进一个关键事项，例如，实现仓储最优化，或优化一些人力资源流程以达到完美。诸如"优化""最优行为""完美"之类的词语表明，人们已经期望最佳答案的存在。我们只需要找到拥有它的人，并请他们帮助我们实现目标。

如果公司内部没有这种专业知识，我们将寻求外部供应商。优秀的供应商在项目初期就应该有一个很好的主意，即在结束时最佳答案会是什么样子。

大多数公司所做的工作是汇总建议书，并邀请一些潜在的供应商投标该项目。你通常会发现每个投标由三个部分组成。第一个是征信列表，其中包含合意的优质客户的名称，以及来自他们的好评。第二个是工作计划或方法论，其中详细介绍了为达到预期结果所要采取的步骤和方法。第三个是一些关于交付该项目的关键人物的简历，包括他们的专业技能以及学历等。

然后，客户可以根据这些凭证、方法和简历评估每个供应商。最终被选择的获胜者通常是能够成功说服客户的人，甚至在项目开始之前，他们就已经知道最佳答案，并且可以依靠它可靠地进行工作。他们是最佳的专业人士。

就在项目初期,在"复杂问题"这一角,选定的获胜者已经能够提供一份工作计划,其中列出了为实现所需结果(包括时间范围和工作量)而要进行的所有任务。这就是我们解决问题的图形(图1-2)从左下角到右上角看起来像阶梯的原因。

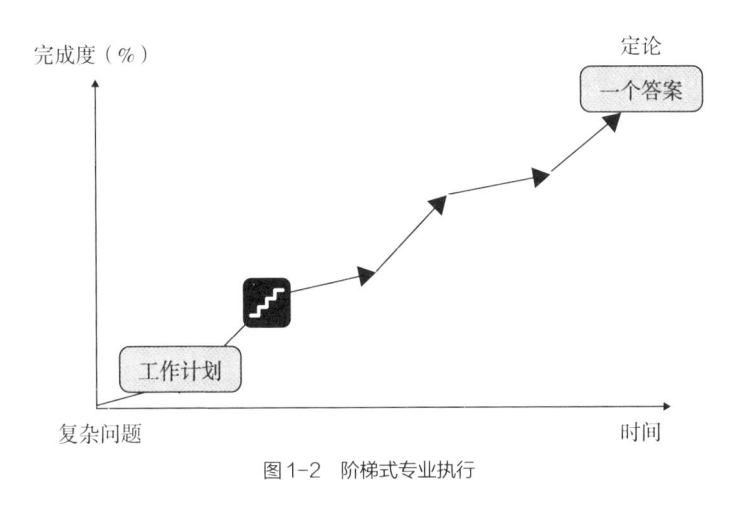

图1-2 阶梯式专业执行

这是一条阶梯式的路线,而不是一条直线,因为任务执行的速度有时会比预期快,有时会慢一些。如果你是利益相关者,你管理供应商的方式是定期检查供应商是否已完成他们承诺要执行的各种任务。

阶梯式专业执行是专业人士在解决问题的时候所遵循的路径,对于任何专业人士来说都是这样的。它对已知的任务有条理地执行,以达到已经确定的结果。

专业人士通过比较手头的问题和已经解决的问题来解决问

题。他们可以确定必须完成的重要任务，并从一开始就将其编入工作计划中。专业执行是解决问题的好方法，它适用于很多问题。你可以利用阶梯式专业执行方法来计划搬家、婚礼、升级你的IT（信息技术）系统，或者选择一家管理咨询公司来实施新的人力资源流程等。

可以说，大多数人在大部分时间里用阶梯式专业执行方法来解决大多数问题。简历和成就简介是我们专业知识的公开记录，它们包含了一长串我们在职业生涯中已经做过的事情，以及我们利用阶梯式专业执行的方法去解决的问题。然而，并不是你在生活中遇到的所有问题都能由阶梯式专业执行方法来解决。如果在项目初期，没有人能够令人信服地断言他们已经确定了最佳答案是什么，那将会发生什么事情？

潜艇式分析研究

想象这样的情况，在项目的开始，你无法清晰地看到答案可能是什么样的。你有很多可能的"解"，你不知道该选哪个，或者你甚至不知道答案是什么。在前一种情况下，你面对的是太多可能的解决方案，如同一团充满可能性的疑云；而在后面一种情况下，你面对的完全是一片沙漠。

显然，你无法建造通往云端或沙漠的楼梯，那么你该怎么做呢？很多人选择走水平路线。他们意识到会面临许多不确定性，然后选择花费相当长的一段时间把这些不确定性转化为确定性，包括进行研究、分析，观察市场趋势，对竞争对手进行基准测试，与客户交流等。通过研究建立一个全面的知识库，以弥补现有专业知识的不足。

这里隐含的预期是，如果你投入时间将这些未知转化为事实，研究和搜集越来越多的数据，并巧妙地分析它们，那么，在某种程度上，你将获得大量的事实和信息。基于这一点，在这个过程的后期，答案就像一枚鱼雷从隐藏的潜水艇中发射出来，从海浪下爆发，并打造你所有的答案和辉煌成就。

潜艇式分析研究（图 1-3）有时被称为解决问题的演绎逻辑方法，它是一种迷人的方法。

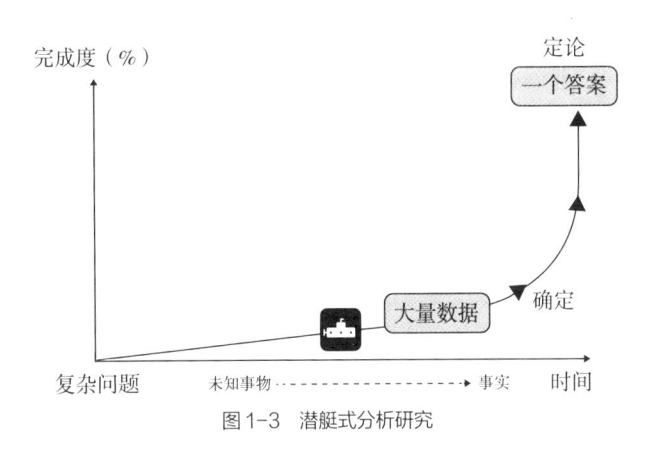

图 1-3 潜艇式分析研究

许多人意识到，这是我们曾在中学或大学里学到的方法，学术界喜欢这个方法。你投入大量的时间，不管是几小时、几天、几周、几个月还是几年，慢慢地，你在截止日期前能够完成一篇深入研究过的论文。

还有很多其他职业的命运都与通过深度分析研究来解决问题的能力密切相关。你能想出几个这样的职业吗？我可以说出律师、工程师和会计师，我还可以加上调查记者、学者和各种各样的研究人员。这些职业都有一个共同的特点，即解决任何问题的正确方法是投入时间去寻找事实、熟悉这些事实、巧妙地处理它们，然后答案就出现了。

潜艇式分析研究是求解问题的必经之路，这条路是由那些认为需要先了解事实然后才能想出答案的人开拓的。没有数据，就没有解决方案。

作为一种解决问题的方法，潜艇式分析研究的最大好处是你可以将大量的未知转化为数据，从而为你的最终答案提供确定性。如图1-3所示，我们瞄准这种方法的图中一角，即潜艇式分析研究图中的右下角，是"确定"角。在你的项目中，你可以在有大量数据的情况下确定你的方向、时间和地点。

当潜艇式分析研究起作用的时候，它非常强大且有效。然而，它一定要依靠三个重要的条件来运行。

第一个条件，你需要是一个非常聪明的人。在潜艇式路线的水平部分你会搜集到太多的信息，你需要一个非常好的记忆力来记住这些信息。你还需要有一个相当敏捷的大脑来处理所有的数据，从潜艇式路线的垂直部分提取答案。这就是潜艇式分析研究通常在面试阶段被用来区别对待大学、公司或咨询领域申请人的原因。一个典型的面试可能包括要求候选人快速读取大量的数据（在三分钟内阅读一篇文章，或在十分钟内阅读一个业务案例研究），然后快速、切实地总结要点，并提出出色的建议。被面试者往往会感到压力重重，害怕时间不够用。

第二个条件，发现数据。如果你投入较多时间寻找，期望搜集到大量数据，但没有找到，那该怎么办？你可能会说，在 21 世纪，搜集数据不是问题，问题是数据的质量是否过硬——这看似正确，但不都是如此，我稍后会解释原因。

首先，查看图上的垂直轴，即完成度轴。如果你在中间的位置插入一条虚线，你将意识到该虚线以下的任何内容都将被视为输入。你距离完成还很遥远。但是，随着你越来越接近完成，虚线上方的任何内容都将更接近输出。

潜艇式路线值得注意的一件事是：你在虚线下方的问题空间（输入）上投入了大量时间，但你是需要朝着虚线上方的解决方案空间走，即输出，这将比你使用阶梯式路线要慢得多，到项目后期会落下更多。

潜艇式路线显示，我们从一开始并不知道真正瞄准的答案是什么，因此我们进行权衡。我们将首先投入更多的时间进行研究，并在虚线下方投入大量的时间，如果数据可以使用，最终我们将获得一个更有见地和令人信服的解决方案。

阶梯式专业执行与潜艇式分析研究对比见图 1-4。

这使我们想到了潜艇式路线的第三个条件：时间框架。想象一下，你已经从事了数周或数月的工作，然后有一个新的利益相关者到来。无论前任利益相关者给出的时间范围如何，他们首先想知道的事情可能就是你对你已经做了一段时间的事情所提出的建议草案。

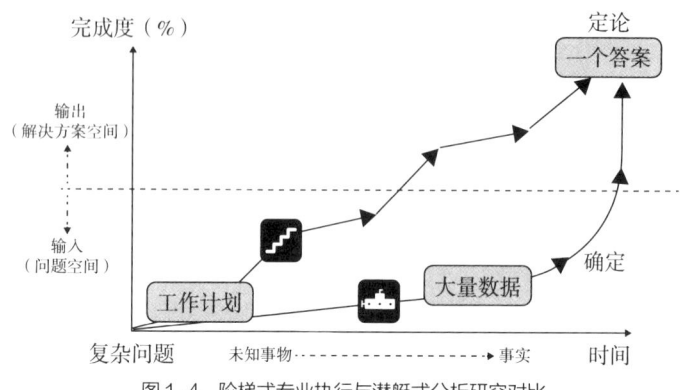

图1-4 阶梯式专业执行与潜艇式分析研究对比

如果你一直使用的是潜艇式方法,那么你只能说:"我有很多数据,我在研究更多数据,但是对不起,我还远远没有得出答案。"这可能让新的利益相关者不满意。

同样,假设有一家数字巨头(亚马逊、苹果、谷歌等)刚刚宣布要收购你最直接的竞争对手,这对你目前从事的项目会有何影响?你的利益相关者也可能会立即寻求答案:准备好了没?有无数据?因此,潜艇式分析研究有很多缺点:进行潜艇式分析研究的人必须是非常聪明的人;你的解决方案在此过程中出现得很晚;你可能会发现根本没有足够高质量的数据可用于解决方案;如果外界情况导致他们要求你早于预期给出答案,那么你在地位更高的利益相关者面前看起来可能会像傻子一样。

但是，正如我们之前所看到的，潜艇式路线仍然是许多行业（包括法律、新闻、工程、会计等）中解决问题的首选方法。为什么会这样？答案很简单。归结为数据的时间范围，这对每个行业而言都至关重要。

在过去、现在和未来之间，律师在什么时候发现的事实对他们的工作最重要？过去。如果你在过去寻找到事实，则数据可用性永远不会成为问题。在法庭上进行诉讼的律师会回顾过去的案件。如果你找到先例，那将是一个很好的数据点，即使你没有找到先例，那仍然是一个有用的数据点。

过去和现在，调查记者在哪里找到事实？在调查外国势力与政治家之间的可能联系时，你需要回溯数年以搜集所需的所有事实。也许现在还要问一些关键参与者几个问题。

工程师在哪里找到事实？在现在。由于工程是在科学的、已知范围内进行的，因此，如果你正在执行某个工程项目，但是缺少一些数据，那么你要做的就是测量。你做一个实验，就可以进行估测，工程师可以立即创建所需的任何数据，这里有一个明确的主题。

严重依赖潜艇式路线解决问题的专业也往往严重依赖过去和现在的事实。然而战略思维的关键事实在哪里？在将来。

当然，解决战略问题也依赖过去和现在的事实，但是解决问题所需的最关键数据的确来自未来。这就是为什么我们要解决的问题越有战略性，潜艇式分析研究发挥作用的可能性就越小。你处理的问题越具有战略意义，潜艇式路线就越不适用。

水平路线的成功与否很大程度上取决于数据在数量和质量方面的可用性。而当你展望未来时，这就是大多数战略思维起作用的地方，数据将变得稀缺且通常极度不可靠。接下来，我们将介绍第三条路线如何弥补这一点。

在介绍之前，让我提醒你一件具有讽刺意味的事情。与阶梯式专业执行相比，潜艇式分析研究显然是一种更智能的解决问题之法。你经过多年的努力，才能成为专家。在专业领域，只要做到这些事情，任何人都可以成为专家。而一旦你足够聪明，足以应付分析研究和处理需求的话，便可以将这种横向方法应用于几乎所有问题。

因此，水平潜艇式路线是分析人员首选的、聪明的求解之法。战略和战略思维通常被认为是最需要聪明才智的。但是，水平路线无法很好地解决此类战略问题。多么讽刺！最受战略家钟爱的问题解决之法竟不适用于最棘手的问题！

那是因为不可能仅仅用铁的事实来解决未来的问题，因为在未来，没有铁的事实，只有隐藏的可能性。未来不能被分析，只能被创造。

直升机式创造发现

当你从一开始就无法真正确定答案时（此处没有可用的阶梯式专业执行），并且你很清楚数据将是稀少且不可靠的（因此，使用潜艇式分析研究是次优解），那你接下来要做什么？你去走垂直路线。

你意识到自己面临很多未知因素，而且一切都非常混乱。这样你就不会浪费时间尝试将这些未知数变成事实。相反，你会迅速地对围绕问题的混乱进行干预，然后争取得到三四个有创意的选项。

根据经验，请始终将5%的可用时间投入到获取这些选项中，以便快速进行干预。因此，如果你有一个小时的时间来执行某项任务，那么请花三分钟安排一些选项；如果你有一个星期的时间，则要花两个小时……以此类推。

让我们继续探索某些职业的思维习惯和解决问题的偏好。我们提到过，律师、调查记者、工程师、会计师等倾向于默认选择水平潜艇式路线来解决问题。因为他们是被选择、训练、激励来使用这种方法的。

你现在能想到直升机式路线（图1-5）是哪些职业的默认方法吗？是那些在面对一个问题时立刻在脑海中创造出三四个选项的职业，然后随着时间的推移，仔细选择得出最佳答案。你能想到一些吗？我想到了建筑师、设计师、广告代理商、销售人员、企业家等职业。这些职业具有共同的信念体系，即解决任何问题的正确方法是迅速提出一系列可能的选项，然后慢慢地朝着各方都喜欢的答案前进。

图1-5 直升机式路线

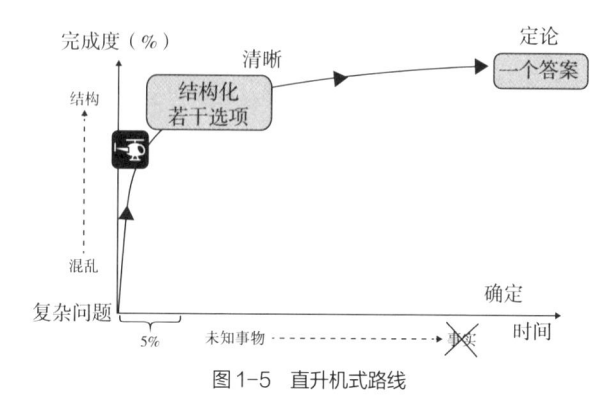

例如,假设你要求建筑师给出一个建筑物的设计方案,这个项目末期的成果是一个得到批准的建筑物设计方案。在项目初期,建筑师迅速提出了许多可供选择的设计方案,并向客户提交。各种理论流派或学派的建筑师使用什么结构来实现多种选项?弗兰克·盖里着眼于棱角形状,扎哈·哈迪德的大多数建筑作品采用流线型设计,英国设计学院的建筑偏向于方方正正的形状,勒·柯布西耶的混凝土结构设计别具一格。建筑师有自己的理论来确定一个可接受的结果,他们可以很快为任何客户创建三四个选项。

同样,如果你要求代理商给出一个广告系列,并给他们一个月的时间,通常他们只需几天就可以产生很多选项。然后,他们向客户展示这些内容,并随着时间的推移逐步对其进行修改,以得到客户认可的最终方案。企业家也是直升机式路线的优秀践行者,迅速制订出新业务的几种选项,然后随着时间的推移而改变,以消除最初版本的弊端。最终的结果往往更符合个人喜好，而不是客观现实。

因此，对于某些职业来说，潜艇式分析研究有点奇怪，而直升机式路线则是很自然的选择（图1-6）。反之亦然。

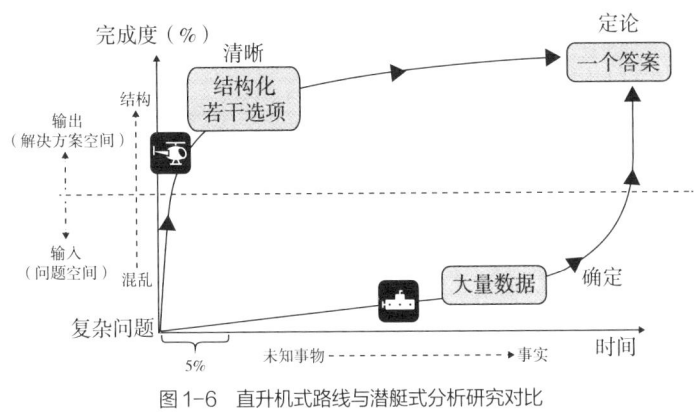

图1-6 直升机式路线与潜艇式分析研究对比

许多练习战略和战略思维的人对数字很敏感。他们在学术环境中接受过潜艇式路线的训练，并且一般情况下会使用该路线。这不是因为他们不能使用直升机式路线，而是因为他们不知道这种选项是否可用或者不知道如何使用它。相反，许多具有人文、设计或创意产业背景的人通常会发现直接采用多种选项的垂直方法非常简单。

无论你的背景如何，将直升机式路线作为解决问题方法的最大好处就是获得清晰的思维。你可以通过立即发现一系列选项来快速使局面清晰起来。在这种方法中，战略图形的一角，即图形的左上角，自然应该被贴上"清晰"的标签，它是你在项目中开始设想答案可能是什么样的时间和地点。

直升机式创造发现能快速产生许多创意选项，不需要太多数据就可以快速呈现给利益相关者清晰的局面。

熟悉诺贝尔经济学奖获得者丹尼尔·卡尼曼的人会在这里看到一些熟悉的东西。卡尼曼的经典书《思考，快与慢》与我们的图形完美地重合。"快思考"是垂直的直升机式路线，即快速生成多个选项；"慢思考"是水平的潜艇式路线，即在得出结论之前要仔细考虑所有数据。

我们已经讨论过潜艇式路线的利弊。让我们在直升机式路线上做同样的研究。在直升机式方法中，你将5%的时间用于到达"清晰"，建立一些结构并确定一些创造性的选项。结果是，你将获得结构、选项、清晰的思维和以下四个惊人的额外好处。

第一个好处是，你可以选择由利益相关者（客户、老板等）运行这些选项，而反过来他们可以通过对这些早期选项做出判断来帮助你。"我很喜欢选项A，或者选项B，我不确定选项C。"他们还可以提及你可能忽略的D或E之类的其他选项。

在富有创意的直升机式路线中，通过垂直上升，你可以快速发现多个看起来像输出的选项。虽然尚未完成100%，但是你可以获得一系列可能的创意解决方案，并对其进行讨论、评估和补充。相比之下，在水平的潜艇式路线中，你会在输入上花费大量时间，而且你只能在后期提出一些解决方案。如果你弄错了，人们再来帮助你就有些晚了（图1-7）。

第二个好处是，一旦你快速地明确了你的选项，你便有大量的时间选择自己喜欢的答案。你的工作速度可以稍微得到提高，因为你有大量的时间花在项目上，而潜艇式路线相反，人们往往需要在初期用大量时间搜集数据，最后只有很少的时间去构建他们的答案。

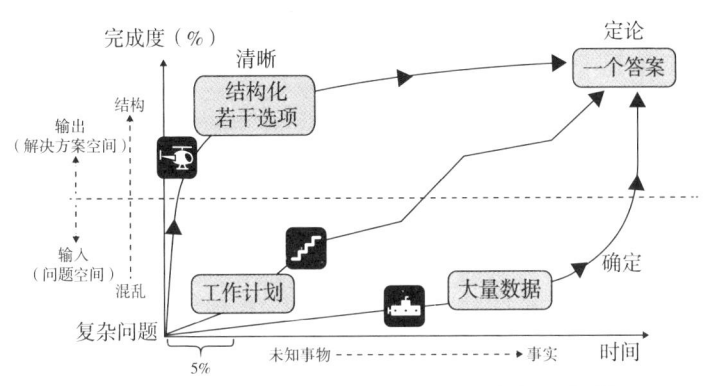

图1-7　直升机式路线、阶梯式专业执行与潜艇式分析研究对比

第三个好处是，你现在有了一个更清晰的意识，即你需要做什么，来从各种各样的早期选项中选择你最喜欢的答案。

例如，一家广告代理商可能会重新设计其模型，向利益相关者发布各种草案，向焦点小组发布最终版本等。一位企业家一旦确定了许多可能的合资企业，便可以与朋友交谈，沉迷其中，编写一页纸的商业计划书等。在从"清晰"到"定论"的漫长水平路线中，涉及对一份假设草案的润色，所选答案的核心往往是个人品位及其他主观因素。

第四个好处是比较微妙的。一旦你向利益相关者提供了许多选项和结构，他们就可以放心。他们对你在适当时候解决问题的能力感到更有信心，他们已经看到了你早期选项背后的一些结构。

对于他们和你来说，真正的好处是他们现在有足够多的时间来仔细研究。他们可以感到舒服，他们可以与同行讨论，他们也可以绞尽脑汁。这意味着，当你最后推荐给定的选项 X 时，他们可能不会感到意外，因为他们可能得出了相同的结论。这样可以更轻松地就你所建议的答案达成一致。

总而言之，直升机式创造发现是一种有效的方法，可以组织你的不确定因素，以便快速找到某些选项，并有四个好处：

- 为你的利益相关者提供清晰的信息（这使他们有机会参与）。
- 使你自己感到清晰（这有助于你确定最终答案）。
- 为你自己争取时间（这意味着你可以以较慢一些的速度工作，直到项目结束）。
- 为你的利益相关者留出时间（这使他们有时间考虑问题）。

这种垂直方法是有力而快速的思考。直升机式路线迫使你在很早的时候就动脑和用心进行创造性思考。用诺贝尔经济学奖获得者丹尼尔·卡尼曼的话说，即"思维敏捷"。直升机式路线有很多好处，但也有两个很大的缺点。

第一个缺点是令人眼花缭乱。在此过程的早期，其中一个选项可能会比迄今为止产生的所有其他选项都显得更加光彩夺目——想法本身确实是很出色的，或者说会议室中最高层的人都这么认为。"河马的诅咒"（最高薪人士的意见）可以在直升机式方法中尽早发挥作用，然后花时间在项目的其余部分对所选答案进行完善以及打磨，以符合高层在早期就重点强调的偏好。

第二个缺点是无法保证数据的准确性，它出现在路线的后期。丹尼尔·卡尼曼在他的《思考，快与慢》一书中，将这种缺点贴上"慢思维的错误方式"标签，他也将其称为人类的天性。在商业环境中，决策通常是由一群人来做出的，这些人必须向另一群人报告。想象一下，你的团队已经在项目早期谨慎地生成了三四个合意的选项（从而避免了上面提到的"河马的诅咒"式的缺点），而且进行了多次讨论，最终得出了一个普遍同意的首选解决方案。该解决方案得到该小组的支持，但可能非常主观，只对特定人群有吸引力。如果在这个链条上的利益相关者在项目末期坚持保证数据准确呢？那你该怎么办？在商业环境中，决策链中的每个步骤都必须通过数据来支撑推荐的解决方案。客观数据比其他任何事情在决策链上的传播都要好，尤其比直升机式路线通常依赖的高度主观的偏好要好得多。

因此，直升机式创造发现既有很多好处（时间＋清晰的思维＋创造力），也存在一些缺点（"河马的诅咒"＋数据准确问题）。有没有解决复杂问题的更好方法呢？当然有，那就是接下来我要讲的过山车式战略思维。

过山车式战略思维

当你面对的问题或项目具有以下限制时，过山车式战略思维是最好的方法：

- 一开始没有明确的答案（因此阶梯式方法无法使用）。
- 整个过程中几乎没有可用数据（因此潜艇式方法无法使用）。
- 利益相关者在最后坚持使用数据支撑（因此仅使用直升机式方法是不够的）。

这时你可能进入了两难境地。你知道不会有大量的数据支撑（或数据不可靠），但是你的利益相关者希望你将建议基于一定的确定性。他们也会告诉你他们很希望看到几个早期的选项及一些结构，目的是能够快速地让局面清晰，以及从你的工作中获得一些信心。

你该如何调和所有这些约束和期望，以最终实现"定论"呢？你如何从"复杂问题"出发，在"清晰"和"确定"中穿行，以实现"定论"呢？

过山车式战略思维结合了直升机式创造发现的早期方法及潜艇式分析研究的后期方法。

过山车式战略思维的开端与直升机式路线完全相同。你可以尽快走上垂直路线,解决混乱并迅速找到许多创意选项,使局面清晰(图1-8)。

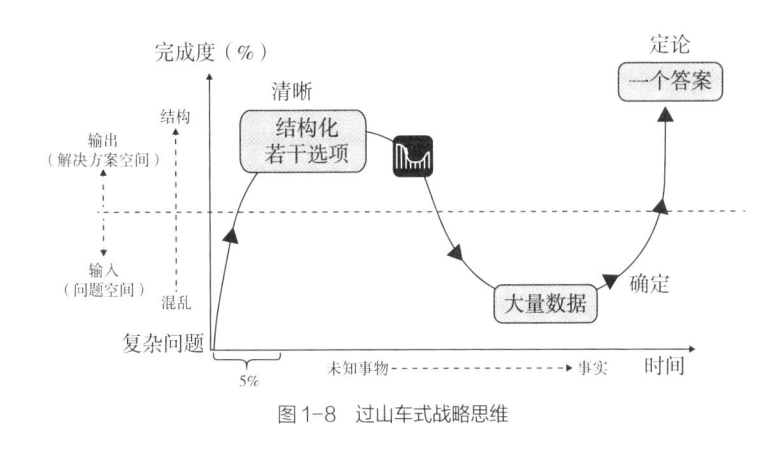

图1-8 过山车式战略思维

但是,一旦处于"清晰"状态,你就不必花时间来微调你的选项(就像在直升机式方法中那样),而是主动地使用你可以获得的数据来否定它们,无论你手头的数据多么有限。从理论上讲,后端这种分析验证的方法将消除许多看起来完全正确的答案。这会让你觉得你从完工的状态退回了混乱之中。但是,一旦分析的迷雾散去,你将发现剩余的最佳答案。有了你处理过的数据为你提供的确定性后,你就可以充满信心地去提出答案了。

简言之:战略思维 = 具有创造性 + 具有分析性。

请注意,与通常既定的顺序相反。要具有战略意义,首先要有创造性,然后才进行分析。由于战略思维与未来息息相关，因此你获得的有质量的数据将会非常少，从分析开始将是一个错误。下面让我们谈谈默认情况下依赖过山车式方法的相关职业。

我们将从医生开始谈起。如果你因身体不适而去看医生，他们会很快从脑海中产生许多可能的疾病根源的选项。他们凭借着对人类生物学和人类健康的了解，在有了清晰的思维之后，就开始试验，将他们的想法暴露给数据，然后发现其中许多被数据证明是错误的选项。他们希望其中一项数据可以提供"确定"性，并且可以推荐治疗方案。

另一种这样的职业是什么呢？科学家。他们在知识的边界工作，发现未知的事物。他们通常会在一些未知的方面提出一些假设（也称为选项），然后深入研究，用数据进行检验。他们经常失败，但他们每隔一段时间便取得突破，并试图说服同行接受已经取得的新发现。

各行各业的战略管理者自然也依赖过山车式方法，通过创造一些想法使他们的团队、客户或公司实现快速发展，然后深入研究数据以消除弱项，最后构建一个很好的案例，以使利益相关者相信他们推荐的解决方案。

过山车式战略思维始终包含三个重要的部分：

- 如何快速产生好想法（"向上"）？
- 如何快速消除不合适选项（"向下"）？
- 如何使最佳解决方案获得认可（"推进"）（图1-9）？

图1-9 过山车式战略思维细化图

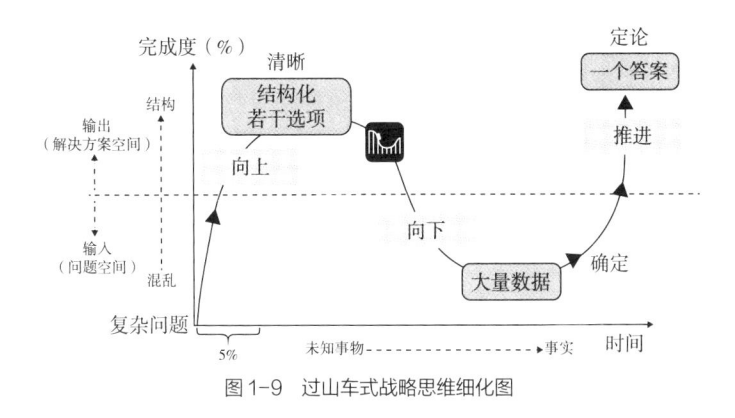

过山车式方法的这三个部分自然构成了本书的三个核心，下面让我们依次对其进行简要介绍。

如何快速产生好想法（"向上"）

对此大家可能已经很熟悉了。这是直升机式路线的垂直方式。创建一个结构，并尽早提出许多选项，以达到"清晰"状态。在商业环境中，有很多方法可以快速到达"清晰"状态，在本书的"向上"部分，我将展示如何实现。

- 制作用线段将词语连接起来的逻辑树，围绕所有不熟悉的问题来创建某种结构。
- 借用一些商业理论，然后在现实中召集一些世界上具有最出色商业头脑的人，以快速产生多种聪明的选项。
- 使用一些违反直觉的思维技巧来拓宽你对当前问题的理解，并发现极富创造力的选项。

请记住，尽早使问题变得清晰并提供早期选项可以使你的利益相关者有时间去仔细研究。这意味着你提供的用来支撑直升机式方法的数据并不一定是全面的，因为你的利益相关者将把自己的想法代入其中，包括他们自己掌握的数据和偏好。

如何快速消除不合适选项（"向下"）

如果你希望在商业环境中认真考虑战略建议，则需要通过尽可能多的验证步骤进行选择。在本书的第三部分，我们将通过三大技巧来做到这一点。在"向下"中对你的早期选项进行破坏性测试时，你就会发现：

- 使用各种定性技术将你的所有想法相互对立，并让这样的想法角逐出自己的排名。
- 应用许多可用的定量技术，以提供对当下选项的更多数字化验证。
- 尽可能进行现实测试，以在实践中证明其余每个选项的可行性。

上面列出的每一种"向下"测试都是未来成功的证明。这三种技术都与潜艇式分析研究中通常遇到的数据处理方法截然不同。在潜艇式方法中，你首先搜集大量数据（以防万一），以数十种方式分析数据，然后推断出一个可能的解决方案。相反，在过山车式方法中，你首先聚焦于产生许多想法（"向上"

阶段），然后将这些想法呈现给数据（"向下"阶段），以消除薄弱的选项。

亚马逊的杰夫·贝佐斯列出了他公司的高级管理人员必须遵守的14条关键原则。其中两个原则是"胸怀大志"和"刨根问底"。我们可以很容易地发现，它们分别与我们的"向上"和"向下"概念有很好的关联。你面对的问题越具有战略性，你能获得的数据就越少。这就是为什么你应该保持警惕，并使用现有的任何数据来验证或扼杀想法，而不是产生想法。这种方法的另一个好处是，检验创意所需的数据集比生成创意所需的数据集多。

举例来说，假设你刚刚对工作中的新流程或产品有了一个想法。将这个想法输入谷歌真的很容易，搜索结果会立即告诉你这个想法是否已经存在于世界上。结果页面上的两个或三个数据点将有助于揭示其他人是否已经在按照你的设想进行操作，一分钟完成。相比之下，请想象一下，通过在谷歌上进行随机搜索得出创意本身所需的分析研究时间要多久。

因此，"向下"是指从一个很高的高度跳入数据世界，以检验你已拥有的一个选项成功或失败的可能性。数据将变得很稀少、不可靠甚至自相矛盾，这并不罕见。毫不奇怪，那一刻，你可能会感到距离完成比项目开始以来的任何时候都远。请不要绝望，我们将在本书的"向下"部分看到如何将其转化为"确定"。

最后要说的是，在某些项目中通常会经历适当的过山车式之旅，不仅一次"向上"提高到"清晰"状态，还会多次"向下"跳入数据世界。最终，你将抵达"确定"状态，直到你手头有一个非常可靠的证据，下一步将是说服利益相关者。

如何使最佳解决方案获得认可（"推进"）

从"确定"到"定论"的最后一步需要自己的一套技术，我们将在本书的第四部分介绍它们。为了使你的建议获得认可，在"推进"中，我将展示怎样去做：

- 运用具有冲击力的词语，使你的交流适合每个利益相关者表现出的个人喜好。
- 整理好基础数据（因为没有任何选项能够不克服一些财务障碍就获得认可）。
- 创造一个令人信服的故事，以吸引他们关注你的方案中他们需要理解的几个关键方面。

词语、数据和故事的结合会让你感到很熟悉。在任何项目的末期，每个人都可以使用这种组合说服利益相关者，无论采取什么方法得出结论。一位专业的人士将提供词语、数据和故事，通常研究人员也提供创意。

在过山车式战略思维的结尾提出结论时，细微的差别在于相对薄弱的数据层。当没有太多要共享的数据时，你必须提高数字的效率，增强文字表达能力，并且使故事更具吸引力！

小结

解决复杂问题有四种方法（图1-10）：阶梯式专业执行（专家方法）、潜艇式分析研究（分析方法）、直升机式创造发现（创造性方法）、过山车式战略思维（战略方法）。每种方法对于特定类型的问题或特定的职业都特别有效。

大多数人面对所有的问题都使用一种方法，而不是对每一类问题都使用正确的方法。

现在我们已经看到了四条完成路线（阶梯式、潜艇式、直升机式和过山车式），并介绍了过山车式战略思维的三个部分（向上—向下—推进），让我们简要总结一下。

阶梯式专业执行是当某人（你或第三方）可以自信地举起他们的手说"我以前做过，我知道方法，请跟着我"时所采取的正确方法。在此过程的早期，甚至是在开始之前就制订一个工作计划，这是专家证明问题对他们而言并不复杂而且让利益相关者相信他们的方法及答案的有效途径。但是，阶梯式方法在解决全新问题上既不有效又不可信。

当有大量随处可见或者有待发现的数据（通常情况下是现在的或过去的数据）可以使用的时候，潜艇式分析研究将会更有效。仔细查找数据，进行吸收、分析，然后得出答案，例如查询、评论、调查等。所有这些词都指向已经发生的问题。对于这些建立于水平发展路径的问题类型，分析研究可能会产生很好的结果。然而，一旦要解决的问题发生在未来，潜艇式方法就不容易站得住脚。

图1-10 四种问题解决路线图

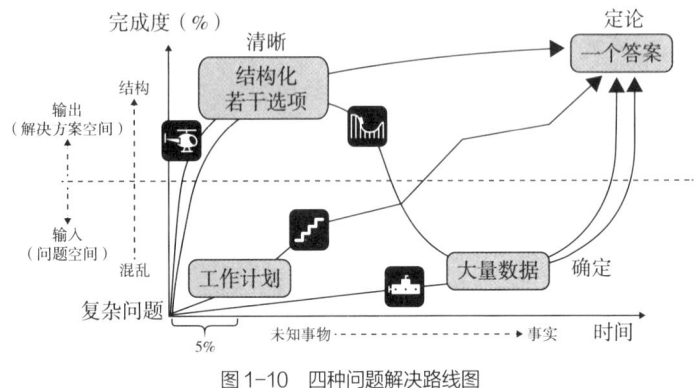

直升机式创造发现在应对未来方面非常出色。未来不是用来分析的，而是用来创造的。当人们设想未来的假设或事业时，自然会用有限的数据生成许多创意选择，这不会花什么时间。垂直方式令人兴奋，轻巧而自由。剩下的时间专门用于通过讨论和反思，慢慢地完善这些选项，直到得出一个正确的答案。但是，直升机式方法过于依赖主观的个人品位，因此无法在商业环境中完全令人信服。

过山车式战略思维显然是解决工作中战略问题的正确方法。一个真正的战略问题体现出以下特征：

- 问题很大。
- 存在于未来。
- 从来没有做过。
- 数据可能很少。

- 最佳答案不仅仅是品位问题。
- 需要证明才能说服许多利益相关者。

过山车式"向上—向下—推进"的节奏非常适合解决战略问题。但在大多数工作中,战略问题并不那么常见。这就是为什么大多数人在大部分职业中都花时间采用专业方法、分析方法或创造性方法解决问题。但是,你越想取得成功、变得卓越,就越需要制定战略,使用战略方法。那才是真正的"负责"的意思。因此,你必须学习驾驭过山车式战略思维!

第二部分

如何快速产生好想法
（"向上"）

在商业环境中，有许多方法可以快速到达"清晰"状态，我们在第一部分如何解决复杂问题（"思考"）中提到过，你可以：

- 制作用线段将词语连接起来的逻辑树，围绕所有不熟悉的问题来创建某种结构。
- 借用一些商业理论，在现实中召集一些世界上具有最出色商业头脑的人，以快速产生多种聪明的选项。
- 使用一些违反直觉的思维技巧来拓宽你对当前问题的理解，并发现极富创造力的选项。

在本部分中，我们将从每一大类里研究一种对应的实用方法：

- 一棵逻辑树：金字塔原理。
- 一种商业理论：快乐线。
- 一个思维技巧：突变游戏。

让我们后退一步来思考：对于一个由 4～20 人组成的小组来说，要在一个小时内想出很多点子，最常见的方法是什么？头脑风暴。也就是先入为主的观念、重新热议的想法、闪烁的才华和最高薪人士的意见之间的非结构化及动态的相互作用。一个好的头脑风暴活动并没有错，但你必须承认头脑风暴活动的三大局限性：你永远不能确定你已经想到了所有的想法；你不能总是解释想法是如何产生的；还有，你无法解释为什么它们会有优势。

我们将在这一部分探讨三种"向上"方法，这些方法会让参与者对问题的认识更加结构化，从而形成广泛的想法，并为每个想法提供更好的可追踪性。每种技巧都围绕一个特定的问题。

金字塔原理非常适合收敛性思维（当你非常确定自己寻找到的是正确的结果，但还没有找到一条路径时），并且通过反复询问"要实现我们所追求的成功，哪些是需要具备的条件"来找到清晰的路径。突变游戏更适合发散思维（当你确定起点，但不太清楚目的地时），并且通过问"在我们的意识边缘，还有哪些更成功的商业模式"来给你提供许多想法。快乐线是一个折中的方法，通过问"目前我们满足客户的需求和期望的程度如何"，让你同时厘清问题和产生想法。

任何好的"向上"思维会议都可能在几个小时内将这三种方法中的任何两种结合起来，并一个接一个地运用，或者在小组中同时运用这三种方法。

第二章
金字塔原理

在项目初期使用金字塔原理

金字塔原理是一种出色的方法,可用于在一个项目或解决问题活动的生命周期中的两个不同阶段构建一个人的思维。它可以在项目末期使用,加强说服力,在你得到答案后,进行演示来说服观众并说明你的建议的有效性。我们将在本书后面谈这一点。让我们先来看看金字塔原理是如何在项目初期应用的,在你得到答案之前,它用于发现定性问题的基本结构并快速确定成功的收敛路径。

首先,什么是定性问题?在商业或个人环境中,"我们应该做某件事吗?""我们如何才能在Y上更成功?""我们应该给Z多少支持?"诸如此类的问题是定性问题。这些问题在商业中是最常见的,通常用文字而不是数字来回答(或者至少你可以找到基于文字的答案,而不是基于数字的答案)。这三个问题的答案可能是"是吧,我们做 X 吧",或者"不,我们不做 X 吧",或者"在 Y 上多投资一些",或者"我们取消 Z 吧"。

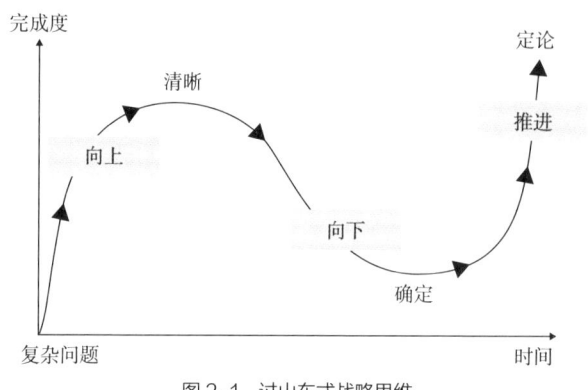

图 2-1　过山车式战略思维

你可能已经意识到,工作中的很多焦虑来自无法轻松回答一些以"如何"开头的问题。当你已经知道答案的时候,"如何"的问题是很好回答的,并且它们可以很好地巩固你的专家地位。然而,当你不知道答案的时候,问"如何"的问题会让你很有压力,因为你的利益相关者(老板、直接上司、客户等)往往期待你在很短的期限内完成该工作。当你不知道"如何"或"我们应该吗"等类似问题的答案时,金字塔原理是一个很好的技巧,可以让你迅速产生好主意。

在项目初期使用金字塔原理的 7 个技巧

1. 把最理想的结果或最难实现的结果写在工作表的最上面。

2. 用以下两个简单问题的答案填充和构造一个便利贴金字塔：
   - 向下思考："要想做到这一点，需要做些什么？"
   - 返回上面思考："我们能想到以下三种情况是正确的，而上述三种情况不是自动成立的吗？"
3. 试着在金字塔里遵循不重复、不遗漏的逻辑。
4. 在构建模块中逐渐用完整的句子代替通用词语。
5. 把句子写成肯定的陈述句，而不是否定句或疑问句。
6. 为最重要的故事叙述重新安排构建模块。
7. 继续下一层级的构建。

随着时间的推移，这些技巧都会成为你的第二天性。接下来，让我们进一步深入了解每一个技巧。

我们逐个详细分析这7个技巧的使用策略。

1. 写下最理想的结果

我的第一个技巧是在空白页或白板的顶部写下最理想或者最难实现的结果。写下"我们正在非常成功地做某事"，或者"我们应该做某事"，或者"我们会在明年成功完成某事"之类，而不是"我们如何做某事"。我们将以个人生活领域的一个定性问题为例，很多人都很熟悉这个问题。

想象一下，你六个月后就要结婚，你的另一半非常紧张。一天晚上，对方在半夜醒来，满身是汗，问你："我们的婚礼会很成功吗？"或者"我们怎样才能把婚礼办得很棒？"你可以试着让对方安心，回答："别担心，不会有事的。"不过，你坚定而果断的回答并不十分可信，因为你既没有关于未来的任何真实数据做支撑，也没有这方面的专业知识。让我们假设你们都是战略思考者，并且决定立即使用金字塔原理，以使你的问题变得清晰明确，这样，从现在到六个月后的结果之间，你的信心会增加。

按照我的建议，你要做的第一件事就是在墙上或窗户上贴一张很大的便利贴："我们的婚礼非常成功"，将对话从"如何做到某件事"转移到"某件事已经成功做到了"。紧张感已经消失了一点。你可以想象和感觉到你们的婚礼变得非常成功。

2. 填充和构建

从便利贴顶部开始往下，你接着问自己两个问题来填充下一层便利贴的内容。

第一个问题是："要想做到这一点，需要做些什么？"通常情况下，你会在下一层写下三张便利贴。

你可以写下，如果"两位新人都很幸福快乐"，如果"所有的客人都在，并且都很开心"，以及如果"后勤保障和天气都很好"，那么"我们的婚礼非常成功"。你已经开始将金字塔向下填充一级了。我们之所以称之为金字塔，是因为当你在结构中再增加两到三层时，它看起来像是一个金字塔（图2-2）。

用来强化你的初稿的第二个问题是："我们是否可以设想

这样一种情况，在这种情况下，下面的 A、B、C 三个条件都是正确的，而上面的 D 的结果却不是自动正确的？"所以，我们要想象这样一种情景：两位新人都很幸福快乐；所有的客人都在，并且都很开心；后勤保障和天气都很好；但婚礼并不是自然而然就很成功的。有些人可能会说，如果"摄影师没来"，或者"司仪没来"，或者"我们没有饮料了"，或者"场地太热了"……

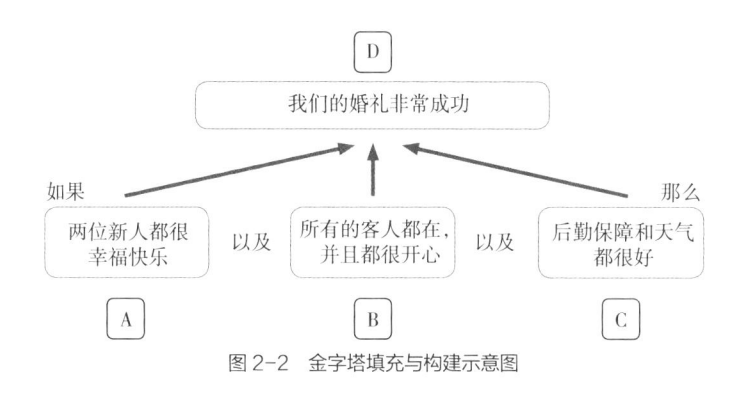

图 2-2　金字塔填充与构建示意图

你现在要做什么？你已经有效地确定了更严格的成功条件，所以你只需在相应的便利贴上更新这些更严格的条件。你可以把"两位新人都很幸福快乐"换成"两位新人都很幸福快乐，婚礼上所有的重要人员（司仪、摄影师、伴郎、伴娘等）都到位并做好了准备"。第二个条件可以改写为："所有的客人都在，都很开心，并且饮料、食物和音乐等的数量和质量都很完美"。你可以看到，新的条件 A 和条件 B 更难实现了。

与此同时，如果满足了这些新的、更严格的条件，则上述结果更接近于自动成真。

每当你想到一个新的反对意见时,你就把它添加到相应的便利贴上。在你使每一个条件变得越来越难实现的过程中,你就会发现,到最后,你看着处于金字塔同一层中的这三个便利贴,如果这三个条件为真,那你想不出任何其他情况会使上一层便利贴的结果不自动为真。

这就是金字塔原理的炼金术。它可以帮助你在项目的早期将反对意见纳入结构之中。反对意见是生活中丰富的基本元素(例如,每个人都很乐意告诉你,你的项目可能出了什么问题)。金字塔原理可以帮助你快速地将这种基本元素变成"纯金"(即为你需要解决的问题提供一个清晰、有逻辑性和严谨的结构,其中包括成功所需要的条件)。

3. 遵循"MECE"逻辑

我的第三个技巧可以帮助你构建金字塔中的每一层。ME(Mutually Exclusive)代表不重复,CE(Completely Exhaustive)代表不遗漏。不遗漏的意思是下层三张便利贴的总和涵盖了上层一张便利贴包含的所有内容,这一点非常重要。你不会希望从上一层到下一层的过程中遗漏问题的某些方面。不重复就没那么重要了,这只是意味着你不能把某件东西数两遍。可以说,宁可谨慎,也不要失败。把一件事数两遍总比完全忘记好。在我们婚礼策划的例子中,你最好在"婚礼上的关键人物"和"宾客"便利贴上都写上新娘的父亲,而不是完全忘记他。

4. 逐步用完整的句子取代通用词语

当你开始建造金字塔时，你可能会用到一些通用词语（"客人""后勤保障"等）。通用词语可以帮助你快速上手，并一口气在金字塔中填充多个层级。我的第四个技巧是把这些当成初稿，然后逐渐开始用完整的句子来替换这些通用词语。在我们的例子中，当我们把通用词语"客人"替换成"所有的客人都在，并且都很开心"时，我们得到了两个好处。

第一个好处是，它可以帮助婚礼组织者对问题有更广泛的认识，就像我们例子中的"客人"一样。有人可能会说："如果有一些客人不在呢？"而另一些人则可能会说："如果有客人不满意怎么办？"你可以在便利贴上写一句话："所有的客人都在，并且都很开心。"这样你就能一下子调和这两个意见。

第二个好处是，你更容易深入下一层。因为一旦你写下"所有的客人都在，并且都很开心"，你就可以问：要想做到这一点，需要做些什么？如果"所有的客人都在"，并且"所有的客人现在都很开心"，并且"所有的客人都有美好的回忆"，那么就最终达成了"所有的客人都在，并且都很开心"这样一个结果。在上层的便利贴中使用一个较长的句子（便于拆解），就可以更容易地填充下一层的三张便利贴（图 2-3）。

让我们进一步看看"所有的客人都在"这一点。要想做到这一点，需要做些什么？如果"所有的客人都在合适的时间被邀请"，"在一个不会与其他任何事情冲突的日期"（比如另一个朋友的婚礼),"交通便捷,而且不太贵",那么"所有的客人都在"。

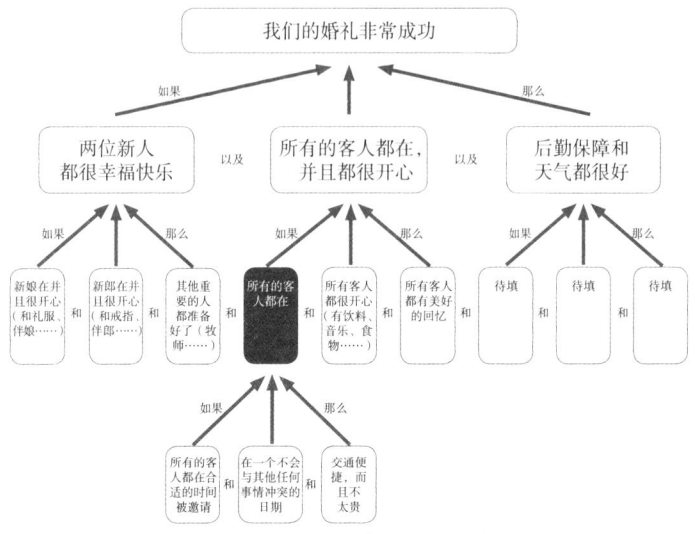

图2-3 用句子填充金字塔结构示意图

一旦你养成了这个习惯,你只需要使用这两个句子。首先:"要解决这一层的这个问题需要具备哪些条件?"这可以帮助你为下一层的三张便利贴起草一份初稿。然后问你自己:"我能不能想出一种情况,在这种情况下,这三张便利贴上的内容都是具备的,而上层的便利贴的内容却是错误的?"如果你能想到一个,就把你想到的添加到相关的便利贴上,让条件更苛刻一些,逻辑结构也更紧凑一些。如果你想不出来,那是时候再往下一层了。

通常情况下,你可能有三张喜欢的便利贴,而团队的另一个成员提出第四张可能的便利贴。在上面的例子中，如果某人前一天晚上生病了怎么办？人们很容易就会把第四张便利贴认为是"没有意外情况"，并添加到金字塔中。但是，我建议你不要这样做。一定要写下第四张便利贴，然后问自己："如何将这四张分解成三张？"找到一种方法来重新区分当前四张便利贴的特质并进行归纳和削减，以便最终只剩三张。在我们的例子中，我们可以将新添加的"不可预见的情况"作为三个组件之一放入"不与其他任何情况冲突"的下一个层级中。

5. 使用肯定的语句

我的第五个技巧是把句子写成肯定的表达方式，而不是否定的表达方式或者提出问题的方式。写下"所有客人都在"，而不是"不会有客人失踪"，或是"所有客人都会在吗"。在项目的早期，问题和否定表达会产生不必要的焦虑。如果你写下"所有的客人都在"，然后问你自己怎样才能做到这一点，这是更积极的，你会进一步推进逻辑。如果你写下"所有的客人都会在吗"，你会立即对6个月后才发生的、一件你目前没有任何信息依据的事情产生焦虑，所以最好把注意力集中在肯定的结构上。

6. 重新排列构建模块

在你思考的早期阶段，金字塔原理是一种将一系列充分条件组合在一起的方法。我们使用"要实现期望的结果需要具备什么"这一表述来构建你寻求潜在问题的紧迫性。但是，一旦确定了这些问题，就很容易发现并非所有这些问题（如果有的话）对于实现期望的结果都是同样关键或必要的。

在婚礼的例子中，"天气好极了"对婚礼成功与否的重要性显然不如"两位新人都很幸福快乐"。在任何一组条件下，将最必要的一点放在左边，最不必要的一点放在右边时，可以更有效地讲述一个故事。

7. 继续下一层级的构建

这是我的第七个，也是最后一个技巧。当你试着把一个结构分解为 3 张便利贴，然后 9 张、27 张……以此类推时，你可能会注意到你的金字塔有点倾斜，一侧的元素比另一侧的元素多。尝试填充未填充的角落，或者重新审视你当前的结构并重新平衡重量，以使你的金字塔分布得更加均匀，我称之为"使金字塔平衡"。这意味着你的结构会慢慢地随着你移动便利贴而被重新构建。随着这项工作的进行，你的金字塔的逻辑会变得非常顺畅。你提出了一个非常大的定性问题（例如，"我们的婚礼会取得巨大成功吗"），并将其转变为一个非常详细的清晰结构。你把你最担心的问题变成了 3 件、9 件、27 件、81 件等小得多的事项。这些小事项的清单就是你的工作计划、你为了实现理想结果而要完成的事情。

在婚礼策划的例子中，新婚夫妇一直在重新构建一场成功婚礼的金字塔。有些人做得很好，有些人则做得不太好。专业的婚礼策划者把金字塔结构熟稔于心，他们将同样的结构应用到他们参与的每一场婚礼上，不用反复去重新构建。

小结

无论你从事什么行业，作为一个有战略的思考者，一些你从未见过的问题会出现在你面前。而且，你不能真的退回到已有的活动规划路线图上。相反，你必须为需要解决的每一个定性问题从零开始构造一个新的路线图。你必须快速产生几十个想法来帮助你达到你想要的结果。

使用我的 7 个技巧，很快就可以把任何定性的问题转化成一个非常全面的工作计划。只要记住在项目初期使用金字塔原理就可以了。

使用金字塔原理的示例

现在，我们将在实践中看到战略金字塔的两个插图，我邀请你将它们视为示例和练习。在阅读建议的解决方案之前，请自行进行几分钟的尝试。

哈雷·戴维森项目

第一个例子是几年前我为哈雷·戴维森做的一个项目。当时他们正考虑在欧洲大力打造自己的服装品牌和服装业务。问题的实质是:"他们是否应该这么做?"这是一个定性问题,答案是相对二元的,是或否。

我建议你在页面顶部放一张大的便利贴,写上:"哈雷·戴维森应该大规模地进入欧洲服装市场。"为了使目标清晰而使用金字塔,我们将最难实现、最理想的结果放在顶层。向下分解两个层级。将顶部的便利贴分成三部分,然后将其中的每一个部分再分成三部分,底部的九个部分就是哈雷·戴维森得出"是的,我们应该大规模地进入欧洲服装市场"结论所需要具备的条件。

我在本书中会经常使用"便利贴"这个词,你们现在已经很熟悉了。如果你用铅笔在纸上写字,你往往拘泥于你想到的第一个结构,而便利贴可以改变你所拥有的一些想法的优先级,以一种更聪明的方式做出改变来快速组装事物。

你现在为什么不花点时间,试着以哈雷·戴维森的"金字塔"为例呢?我将很快与你分享一个可能的答案,但如果你自己先尝试一下,就会更好地考虑这个问题。

现在让我们看看可能的解决方案。

我们的问题有三个方面:"欧洲服装市场十分吸引人","作为一个新进入者,进入市场是有利可图的",以及"哈雷·戴维森品牌定位良好,能够抓住盈利机会"(图2-4)。在项目初期,我们还不知道实际答案是什么。但是,如果在我们做了调查之后,这三个方面都被证明是正确的,那么哈雷·戴维森应该大规模地进入欧洲服装市场,这将是显而易见的。

```
                    在项目初期
                哈雷·戴维森应该大规模地
                   进入欧洲服装市场
         如果            │            那么
    ┌─────────┬─────────┼─────────┬─────────┐
   欧洲服装市场    作为一个新进入者,      哈雷·戴维森品牌
   十分吸引人  和  进入市场是有利可图的  和  定位良好,能够
                                    抓住盈利机会
```

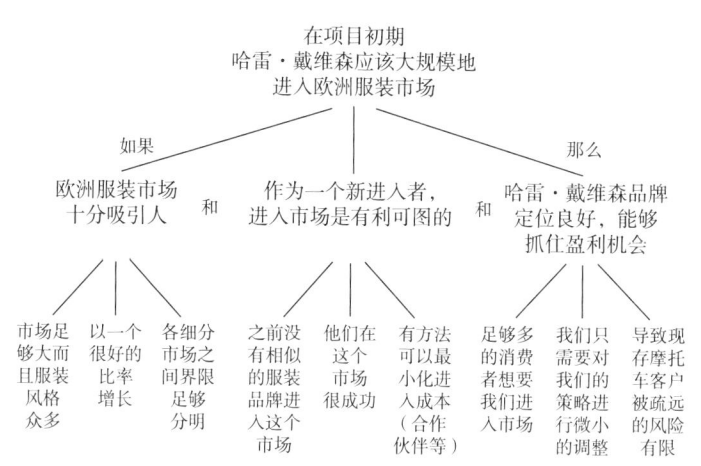

| 市场足够大而且服装风格众多 | 以一个很好的比率增长 | 各细分市场之间界限足够分明 | 之前没有相似的服装品牌进入这个市场 | 他们在这个市场很成功 | 有方法可以最小化进入成本（合作伙伴等） | 足够多的消费者想要我们进入市场 | 我们只需要对我们的策略进行微小的调整 | 导致现存摩托车客户被疏远的风险有限 |

图 2-4 金字塔原理应用示例图

迪拜的媒体城项目

第二个例子是迪拜的一个项目。迪拜有一座媒体城,许多媒体公司都聚集在迪拜的同一个区域。这个酋长国面临的最大问题是,他们是否应该把这个小媒体城变成一个巨大的全球媒体中心,让世界上所有的大型媒体公司都在这里设立某种形式的办公室。

你在金字塔的顶部写的是:"迪拜将在 10 年内成为全球媒体中心。"我们正在努力解决的问题是一个战略问题(迪拜是否应该这么做),而不是一个运营问题(如何这么做)。那么,迪拜决定明智地推行这一计划,需要什么条件呢?这是一个很有趣的例子,我会给你一个更详细的答案,因为我经常做这个练习。花 30 分钟把这个问题分解成 3 张、9 张和 27 张便利贴是非常值得的。

现在让我们来看看迪拜的例子。这比上一个要难得多。你会发现下面的 5 张图（图 2-5 至图 2-9）可以证明这一点：第一张图表示第一层级的 3 张便利贴；接下来的三张图分别代表 A、B 和 C 层；最后一张图是整个金字塔，分解到了 27 张便利贴。我建议你花点时间好好做这个练习。下面有一个可能的解决方案等着你。先花 30 分钟创建你自己的金字塔。在适当的时候做对比，会更有启发性！

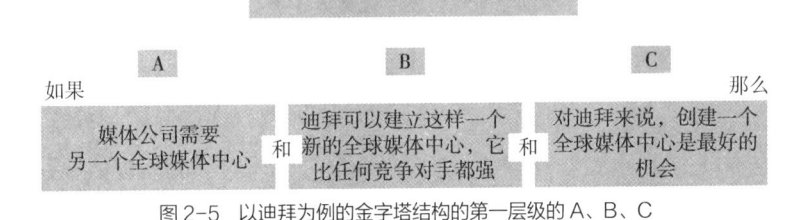

图 2-5　以迪拜为例的金字塔结构的第一层级的 A、B、C

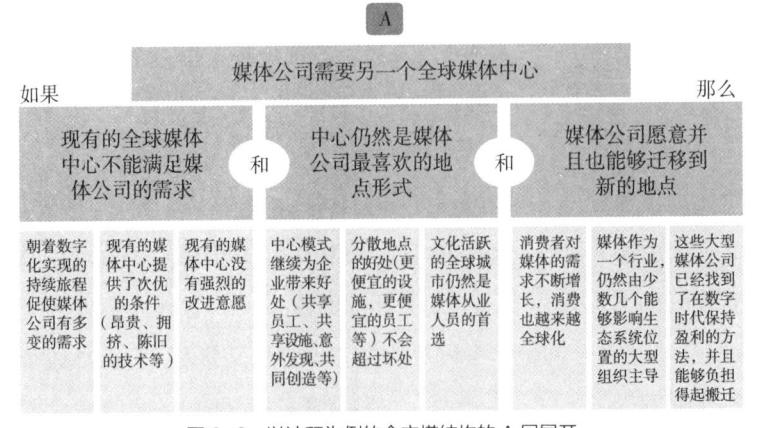

图 2-6　以迪拜为例的金字塔结构的 A 层展开

B

迪拜可以建立这样一个新的全球媒体中心，它比任何竞争对手都强

如果　　　　　　　　　　　　　　　　　　　　　　　　　　　　　　那么

迪拜可以为媒体公司提供最好的硬件基础设施	和	迪拜可以为媒体公司整合最好的软件基础设施	和	迪拜可以为媒体公司的员工提供最好的服务
迪拜拥有建设世界级基础设施所需的所有资金和政治意愿	迪拜提供最好的媒体专用基础设施(工作室、超高速互联网接入、出版等)	迪拜提供最好的商业基础设施(机场、建筑、交通等)	迪拜为媒体公司提供了充足的合格人才(管理、专家、支持人员)	迪拜为媒体公司提供了大量合格人才(管理人员、专家、支持人员)	迪拜为媒体公司提供了诱人的激励措施，将部分或全部业务迁至新的中心	迪拜提供丰富的就业机会，以及多种专业发展机会(大学、专业课程等)	迪拜是一个让二三十岁的媒体公司员工享受他们喜欢的生活(文化、艺术、酒吧等)的好地方	迪拜为那些决定公司搬迁的四五十岁经理的家庭提供了无与伦比的生活质量

图 2-7　以迪拜为例的金字塔结构的 B 层展开

C

对迪拜来说，创建一个全球媒体中心是最好的机会

如果　　　　　　　　　　　　　　　　　　　　　　　　　　　　　　那么

对迪拜来说，全球媒体中心本身就是一项非常有吸引力的投资	和	全球媒体中心还提供了额外的、可持续的好处	和	没有其他投资选择能给迪拜带来同样的净收益
全球媒体中心为国家和运营媒体中心的私营承包商提供了积极而可观的投资回报	一个全球媒体中心为阿联酋国民提供工作机会，无论是高水平的还是低水平的	一个全球媒体中心有助于强化迪拜作为中东比较自由之地的全球形象	一个全球媒体中心有助于培养一种创新和开放的文化，这对一个缺乏自然资源的国家的长远未来至关重要	全球媒体中心是最受所有当地人(阿联酋国民和全球侨民)欢迎的选择	创建全球媒体中心的任何不利因素(文化、政治等)都可以随着时间上的推移而得到管理和缓解	没有其他投资选择能够提供同等水平的正面利益(金融、政治、文化、公关等)	没有其他的投资选择在战略上与迪拜成为全球五大城市之一的愿景一致	没有其他投资选择的成本比相对简单地创建全球媒体中心风险更低

图 2-8　以迪拜为例的金字塔结构的 C 层展开

第二章　金字塔原理

图 2-9 以迪拜为例的金字塔整体结构

金字塔原理的四重好处

几十年前,麦肯锡的第一位女性顾问芭芭拉·明托创造了金字塔原理。她的书《金字塔原理:思考、表达和解决问题的逻辑》的重点是,在项目末期,一旦你得到了明确的答案,如何构造令人信服的演示文稿。

其实,在项目初期生成的精心制作的金字塔除了为最终演示文稿提供结构外,还为你带来了三大好处:早期的冷静、全面的工作计划和决策树。

早期的冷静

当你意识到一个大问题可以被分解成更小、更容易处理的小问题以及具体是哪个问题时,你就会开始冷静下来。例如,一场婚礼可以分为"仪式""接待""其他后勤"三个部分,或者迪拜的全球媒体中心是"需求""供应""利益"的综合体。而这些又可以被分解成更小的子组件。

全面的工作计划

全面的工作计划来自金字塔的底部。最下面一行的所有这些便利贴(它们分别是27、81、243等)都是为实现你期望的结果而需要进行的小事情:"列出所有参加婚礼的被邀请者""获取准确的电子邮件地址""选择邀请函的字体"等。金字塔通常在一小时之内同时带来早期的冷静及全面的工作计划。

决策树

随着时间的推移，工作计划的结果开始显现，你会注意到金字塔也变成了决策树。想象把金字塔倒过来，期望的结果在底部，更小的便利贴在顶部。

在这种配置下，你的工作成果将细化为结果的特定版本。在婚礼的例子中，如果音乐必须由你侄子的少年乐队提供，并且食物是自助餐，或者音乐由碧昂丝现场演唱，餐饮由高级厨师提供——无论怎样，它指向的都是你将举办一场成功的婚礼。倒置的金字塔现在是一棵决策树，可帮助你根据工作计划和工作的成果得出可能实现的确切结果。

令人信服的展示

最后，数据完全输入，金字塔原理确实是构造令人信服的展示的好方法。例如，说服迪拜酋长投资建设一个全球媒体中心。我将在项目末期给你一些关于如何最好地使用金字塔原理的具体技巧，这些我们将在本书的第四部分进行讨论。

金字塔原理练习：如何拥有美好的人生

金字塔原理是一种用于实现理想结果的方法，无论你想要什么结果。显然它在商业环境中运作良好，有助于将所有这些"我们如何实现某事"的问题转化为明确的行动计划。它也可以在个人生活中很好地运作，让我们用金字塔原理帮你成就美好的人生吧！

第一步是在页面顶部写下最理想的结果，在这种情况下可以是："我的人生在 10 年内取得了巨大的成功。"然后问问自己：要实现这一目标需要做些什么？显然，有很多方法可以创建预期结果的下一级，以下是四种可能的方法。

- 如果"我很健康""我很富有""我很快乐"，那么……
- 或者，如果"对我来说，我的生活是一个巨大的成功""对我所爱的人来说，我的生活是一个巨大的成功""对社会来说，我的生活是一个巨大的成功"，那么……
- 或者，如果"我的人生在未来 3 年是一个巨大的成功""我的人生在接下去的 4 年是一个巨大的成功""我的人生在最后 3 年是一个巨大的成功"，那么……
- 或者，如果"我的人生在过去 10 年里取得了巨大的成功""我现在的人生是一个巨大的成功""我未来的人生从某个时刻起也是一个巨大的成功"，那么……

无论你什么时候在金字塔的什么层级写下一份适合你的草稿，下一步就是问问你自己，你是否能想到一个场景，使这个层级的三张便利贴成立，但不会自动得到上一层级的结果。按这个方法往下看三个层级，一直到 27 张便利贴，这将使你的思路更加清晰并为自己制订一个很好的行动计划，虽然可能在过程中会对自我意识产生一点冲击。

我们现在有两个例子有助于你练习金字塔原理与技能，我们邀请你在 www.strategic.how/pyramid 网站上分享你的解决方案。

- 金字塔原理练习 1

  填写伊莎贝尔的金字塔里的 27 张空白便利贴（图 2-10）。

		我的人生在10年内取得了巨大的成功						
如果								那么
	我很健康			我很富有			我很快乐	
理智的头脑	健康的身体	丰满的灵魂	稳定的工作	不错的储蓄	最初的资产	美妙的爱情	亲密的家庭	温暖的朋友

图 2-10　伊莎贝尔的金字塔结构示意图

- 金字塔原理练习 2

  用另外一种方法写下人生中最重要的 3 张便利贴（与上面列出的四种方式不同），然后在 39（3+9+27）张空白的便利贴上填写你的人生金字塔（图 2-11）。

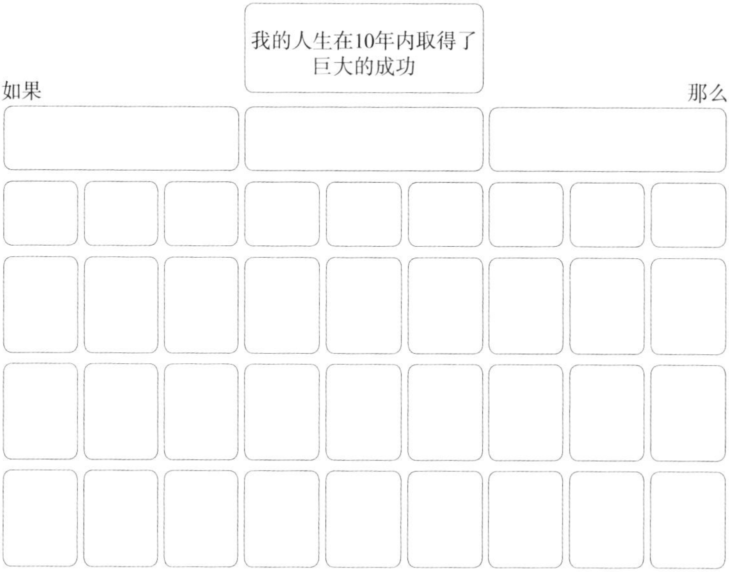

我的人生在10年内取得了
巨大的成功

如果　　　　　　　　　　　　　　　　　　　　　　　　　那么

图2-11　你的人生金字塔结构示意图

第三章
快乐线

衡量客户满意度的快乐线

畅销书《蓝海战略》的作者钱·金教授提供了一个简单而有力的商业视角。他将其总结为竞争对手之间为满足客户需求和期望而展开的斗争：供给和需求这两股力量相互作用。因为我们只有这两种力量，所以我们可以用一些数据在二维框架中画出它们。

在钱·金教授的框架中，我们用横轴表示需求端。要填充它，我们问："亲爱的顾客，在你购买此服务或产品时真正重要的购买标准是什么？"然后使用纵轴表示供给端，我们再次询问客户："亲爱的顾客，对你而言供应商 X、Y、Z 在这些重要的方面做得如何？"

你会注意到，在此框架中，关键的表达原则是客户使用的标准，称为关键购买标准（KPCs）。现在，我们创建了一个具有两个轴的图形，横轴和纵轴分别表示需求端和供给端。你可以在这些维度上绘制不同供应商的结果。一系列黑点代表一种关于供应商X的规范报告，由客户编写（关键购买标准按重要性从左到右降序排列，图3-1）。

如果你向客户询问有关竞争的问题，横轴将保持不变，因为标准对特定市场的客户来说是通用的，纵轴的数值将会不同。不同的供应商在客户偏好的不同方面表现会有很大不同。这是描述市场动态的绝佳方式，也是市场研究人员已经使用了很长时间的框架。钱·金教授的真正贡献在于提出了另外三点补充，将这个简单的市场研究框架提升为强大的商业战略理论。

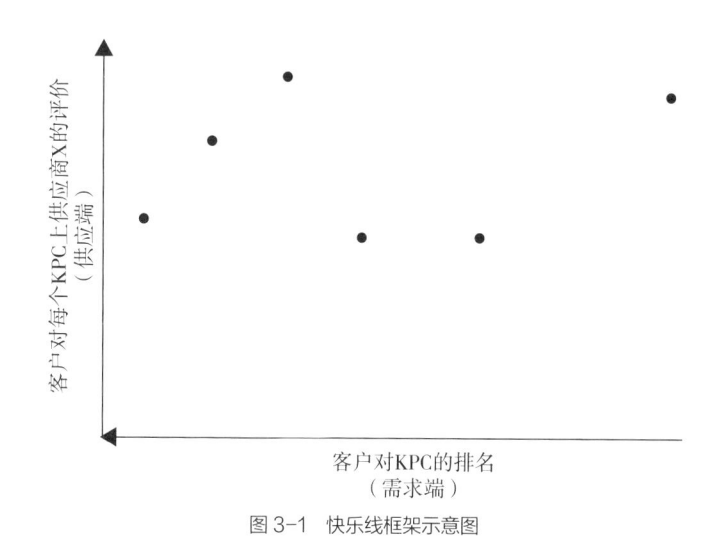

图 3-1 快乐线框架示意图

第一点是,他假定在任何市场中都存在让客户满意的快乐线。从本质上讲,即有一条由不同点的位置构成的特定曲线,可以最大化客户的满意度。他认为,如果一个供应商在所有标准中都提供了满分为 10 分的产品,就无法达到客户满意度(客户知道这是不可持续的,而且可能会有陷阱)。供应商在所有的标准中提供 8 个满分,甚至 9 个满分,也不能将客户满意度最大化。客户满意度的快乐线实际上是稍稍倾斜的 L 形,形状有点像曲棍球棒(图 3-2)。简言之,要想在市场上取得成功,供应商首先必须在对客户最重要的标准(即图的左侧)上表现出色。由于标准的重要性降低了,所以可以将优劣程度降低一些,直到标准不那么重要,优劣程度也就不那么重要了。因此,快乐线就是稍稍倾斜的 L 形曲线。

第二点是,要想在市场上取得成功,你首先必须找到并画出让客户满意的快乐线。

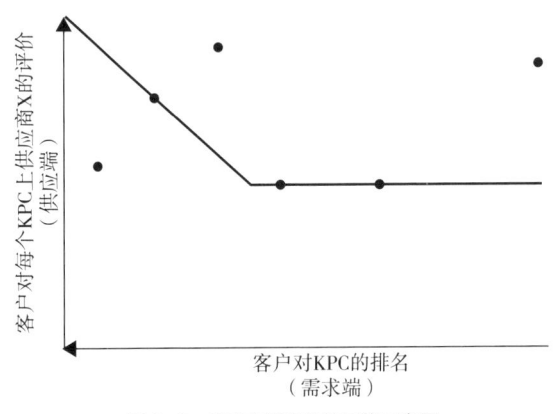

图 3-2 让客户满意的快乐线示意图

第三点很有趣。让我们看看图3-3中的这一系列黑点。这里描绘的是供应商X的情况,无论是你还是竞争对手,都不是完全在快乐线上。假设图示的就是你所在行业的市场领导者,那么这预示着你还能比他做得更好吗?要如何去做呢?

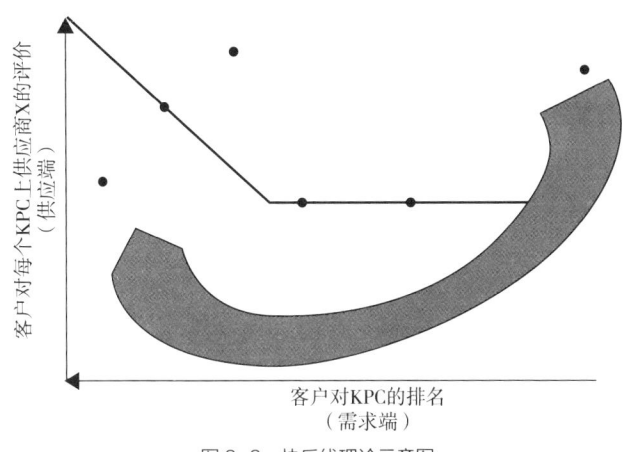

图3-3 快乐线理论示意图

纵轴:客户对每个KPC上供应商X的评价(供应端)
横轴:客户对KPC的排名(需求端)

首先,在图的左边,在那些对客户真正重要的指标上,我们可以尝试想出一些比当前市场领导者更能让客户满意的东西。所以,让我们花很多时间来思考在这些特定的维度上获得客户更高评价的新方式——无论是新产品、新服务,还是新方法。

现在让我们看一下图的右侧。你可以看到一些指标,其中一项是目前的市场领导者做得非常好的。但是我们实际上不需要在这个指标上提供那么高的满意度,因为这个指标对客户来说并不是那么重要。因此,市场领导者所实现的快乐线水平部分与点之间的垂直差距是一种过度投资。你不应该为了使不重要指标达到高水平而投入太多，而应该将多余的现金投入到对客户来说更重要的指标——图左侧的指标上（记住，在快乐线框架中，水平轴指向左侧）。

第一次使用这条快乐线是为了帮助一家希望进入豪车市场的日本汽车制造商。图 3-3 与图 3-4 没有什么大的不同。这表明市场领导者，我们称之为 B-Merc-A（宝马、奔驰和奥迪的组合），表现得相当不错，因为它已经足够接近大多数标准的快乐线。

需要注意的是，B-Merc-A 处于快乐线上的指标往往处于客户的关键购买标准排名的中间位置，并且在最左边的一个指标上，客户的热情较低。客户并不是说 B-Merc-A 不好，只是它们在这个重要方面仅处于平均水平。由于这是对客户最重要的标准，因此这显然给行业的新进入者带来了很大的机会来吸引客户。第二个发现在图的右侧，有一个标准，客户会说："B-Merc-A 做得好，但对我来说这并不是那么重要。"这就避免了新进入者过度投资。

在现实生活中，最重要的指标是服务，最不重要的指标是汽车的最高时速。图 3-4 向我们表明，客户希望有厂商提供服务质量更好的汽车产品，即使它的最高时速低一些。对于当时的汽车行业，这是令人难以置信的商业战略建议。减少对引擎的投资，以便能够将更多的钱用于提供更好的服务？这太疯狂了！

豪车市场快乐线
（所有B-Merc-A客户的图表）

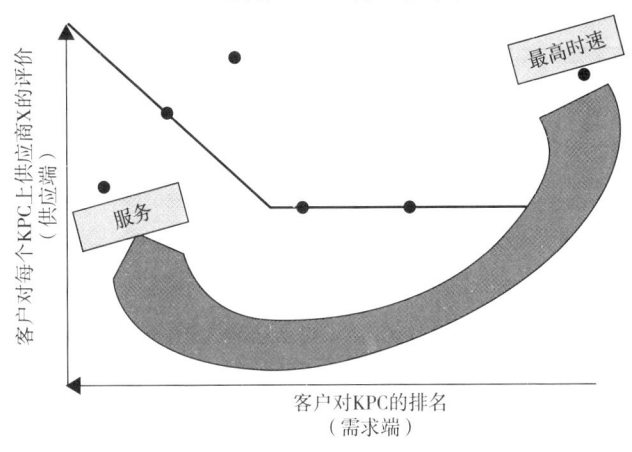

图中标注：最高时速、服务

纵轴：客户对每个KPC上供应商X的评价（供应端）
横轴：客户对KPC的排名（需求端）

图3-4　豪车市场快乐线示意图

然而，从逻辑上讲，这个建议来自当时客户未得到充分满足的需求，并且很值得进一步探索和尝试。我们前面提到的日本汽车制造商正是这样做的。很棒的服务、平均的最高时速……雷克萨斯就是这样诞生的，这款车由丰田打造，成为有史以来最成功的新豪车品牌（直到特斯拉出现）。

丰田－雷克萨斯从使用快乐线策略中获得的一个不错的好处是财务状况更加平稳，汽车在发布时风险也小得多。从发动机转向服务，成本基础也就从固定成本（研发加上生产费用）转向可变成本（服务），从前期成本转向后期成本。多亏了快乐线，雷克萨斯只有在成功卖出之后（并按卖出的比例）才会产生成本，而不是提前支付一大笔固定金额，这是非常聪明的做法。

第三章　快乐线　　063

到目前为止，我们所看到的使用快乐线的方法可以总结为三个步骤：

- 调查分析。
- 权衡取舍。
- 产生想法。

第一步是调查分析，确定客户的关键购买标准。我建议你从整个市场开始。通常情况下，当你为整个市场画好一条快乐线时，可能你会发现市场领导者已经相当接近这条线，这是一个合理的预期。但是如果市场领导者还没有出现，这时你就有巨大的机会。如果市场领先者像预期的那样接近快乐线，那么你就进入下一阶段。

你可以把市场分成3～4个部分，每个部分都画一条快乐线，那么至少会有一个细分市场的领导者离该细分市场的快乐线比较远，这就是你的切入点。当然，如果恰好你是市场上的领导者，那么这个细分市场就是你的致命弱点，你必须马上解决问题。

在第一步调查分析中，你要确定客户的关键购买标准，建立你自己或你想要与之竞争的对手的概况，然后画出在整个市场或细分市场中普适的客户满意度的曲线（稍后会详细介绍）。

第二步是权衡取舍。把你的大部分努力集中在最重要的关键购买标准上。快乐线是一个非凡的80/20工具。在任何市场都有无数的关键购买标准。一般来说，市场部门喜欢处理简单的关键购买标准，也就是图右侧的那些标准。战略家一定是认真研究最重要的关键购买标准，以找到改进它们的方法，而不是在其他方面浪费太多的资源。营销区域通常在右上方，战略区域在左下方。通常情况下，快乐线理论最终会从空洞的营销区域投向更强硬的战略区域。

第三步，也是最后一步，是产生想法。一旦你确定了可用的权衡因素（图左侧在快乐线之下的点，以及右侧在快乐线之上的点），就有很多方法可以将它们联结起来，以实现转换。以雷克萨斯为例，它们选择在服务上投资更多，而不是在最高时速上投资。有时可能是以创新的方式将这两者结合起来。产生想法的这一步是你应该花最多时间的地方，这在实践中很有见地，也很有意义。

快乐线最初是作为一种商业战略理论而存在的，它在帮助你从零开始创建一项全新的业务方面有出色的表现，就像丰田的雷克萨斯一样。钱·金教授在他的畅销书《蓝海战略》中对此进行了详细阐述。

撇开公司战略不谈，快乐线在其他战略背景下也能发挥出色的作用：帮助一个商业单位、一个部门、一项功能、一个团队或者仅是一个人做得更好。快乐线实际上是一种战略技巧，旨在通过提高其所服务的利益相关者的满意度来帮助其做得更好。不要像你希望他人如何对待你那样对待他人，要像他人希望自己被如何对待那样对待他人。

我们再看几个例子，做个练习。

快乐线的例子

为了了解快乐线的实际应用情况，你可以选择一个你熟悉的交通出行公司品牌，并想象自己是首席运营官，例如，可以是英国的阿凡提公司、美国国家铁路客运公司、澳大利亚的新南威尔士铁路公司，或者其他任何你知道的公司，只要它们是交通运营工具。

作为阿凡提公司（或任何你选择的品牌）的首席运营官，你知道公司的表现不尽如人意，你想看看构造快乐线是否会有所帮助。你把公司的高层聚集起来，在白板上用记号笔将页面水平地一分为二，并在页面的上半部分绘制快乐线的两个轴。横轴表示关键购买标准（记住，横轴的箭头指向左边），纵轴是每个关键购买标准上的客户评分。从这里开始，你可以遵循一个快速有效的步骤。

第一步，通过调查分析来绘制商务旅行的快乐线。拿一些便利贴，把任务分配给你的团队成员 A，并邀请他写下 10～12 个客户的关键购买标准。当成员 A 开始写时，你邀请团队中的其他人大声或低声说出自己的想法。成员 A 负责将这些内容写在便利贴上，并且他拥有完全的自由来决定是否接受团队其他成员的建议。最终他们在此列出的关键指标可能包括速度、准点率、舒适度、餐饮、车上设施等。

成员 A 完成后，团队中的第二个人接手。让他检查这个关键指标列表，并可以修改其中的两张便利贴。例如，他可能认为三明治或餐饮不像票价那么重要，他会选择票价。

现在我们有了一个写有 10～12 个客户关键购买标准的最终列表，团队中的第三个人按照重要性递减的顺序对这些关键购买标准进行排序，将排除不那么重要的指标（通常是 6～8 个指标之外的指标）。然后，团队中的第四个人尝试在剩下的 6～8 个关键购买标准中交换排名最靠前的两个。接下来，团队中的第五个人在纵轴上评价阿凡提公司。假如客户在房间里，他们会怎么评价阿凡提公司？他们对每个关键购买标准的满意度是怎样的？最后，团队中的第六个人可以更改其中两张便利贴的纵轴数值。

与实际操作相比，此过程需要更长的解释时间。你会注意到，团队中的某一特定成员在任何时候都绝对掌控着整个过程，使整个过程变得更快。此外，由于每个人只控制整个过程的一小部分，所以当最后完成时，绘制出来的快乐线虽不是团队中任何一个成员最中意的想法，但得出的结果是一项集体成果。换一种说法，没有人对结果特别满意，所以也没有人会为它辩护。最快的团队可以在不到两分钟的时间内完成并得到最终的结果，这是一个非常快速的过程。

一旦你有了这些点，下一步就是决定怎么画线。这其实并不重要。你知道它从左上角开始，然后向下倾斜，到达一个拐点，然后一直水平延伸到最右边，所以重要的问题是，拐点在哪里？

与其问自己拐点在哪里，不如想象一下这条线的 5 个可能版本（图 3-5）：版本 1、版本 2、版本 3、版本 4、版本 5。如果快乐线在 10 个客户关键购买标准上完全水平（版本 1），那么就意味着我们会把一切都做得很糟，绘制快乐线也毫无意义。如果客户满意度下降得太快（版本 5），那么我们将在所有方面都表现出色，并且对绘制快乐线毫无兴趣。类似地，版本 2、版本 3 和版本 4 都有相应的含义。我们在这里尝试做的是使用快乐线来确定需要权衡和改进的领域。最好的快乐线是将便利贴分成同等重要的两批，以增加可用于改进的折中方案的数量。因此，版本 3 或 4 是最有用的。

我们已经明确了这条线的位置，接下来，让我们来讨论一下图 3-6 的三个区域：前面、后面和上面，每一个区域都是独特的。前区是图的左下角，这是对客户真正重要的指标的区域，而供应商 X 在这些方面做得并不完美。供应商 X 需要将其大部分工作集中在改善该区域的指标水平上。前区通常是最具战略意义的问题所在。

在想象的阿凡提公司的例子中，团队认为对商务旅行者来说，最重要的几点关键购买标准按重要程度降序排列依次是准点率、车上设施、速度、舒适度、车次、清洁度、票价。一个很好的表达方式——先从左往右看横轴，再从下到上看纵轴。该团队认为：在准点率方面阿凡提公司处于中等水平，在车上设施方面略低于平均水平，在速度和舒适度方面相当不错，在车次方面略高于平均水平，在清洁度方面非常好，在票价方面略低于平均水平。

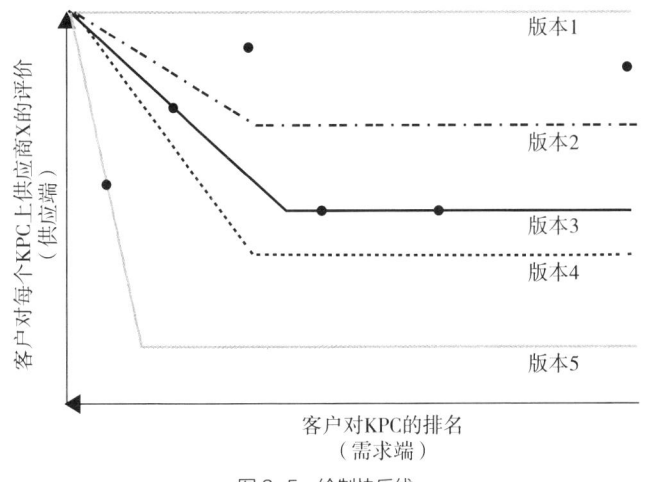

图 3-5　绘制快乐线

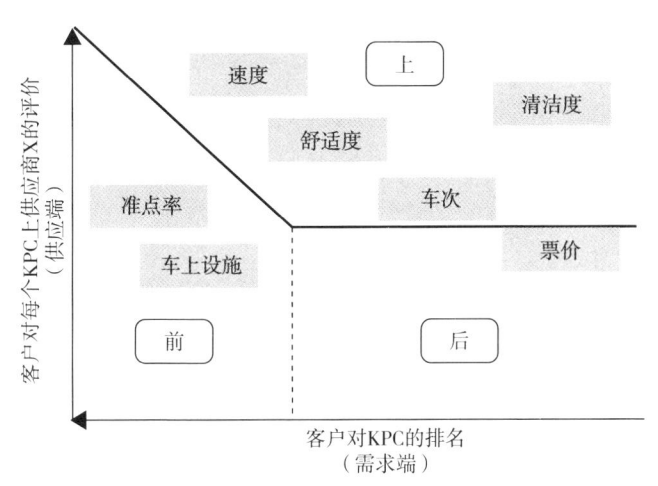

图 3-6　阿凡提公司快乐线示意图

一旦你把这些便利贴贴好，不管快乐线具体在哪里拐弯，你都可以看到有两张便利贴——准点率和车上设施——可能低于快乐线及其他大多数指标。这是前区，你必须想办法来提高准点率和车上设施这两项指标的水平。

第二步是进入"顶部"区域。在这个区域里，有一些对客户来说无关紧要的指标，但我们却在这些指标上表现得很好。按照偏好，我们宁愿不碰它们。你有没有发现，清洁对客户来说似乎不是那么重要，但我们做得很好。你可以得出结论，如果我们在清洁方面更差，那将不会带来太多好处。另外，与糟糕的清洁状况相比，实现良好的清洁水准并不昂贵，因此，让我们继续维持那个水平。然而，在舒适度和车次等方面，商务客户告诉我们，我们做得很好很优秀，但是他们并不那么在意。准点率和车上设施对他们来说更重要。那么我们该怎么做呢？我们想出了很多办法，以舒适度和车次为代价来改善准点率和车上设施，例如降低车次，这将导致轨道上循环运行的列车减少，从而可能提高准点率。你还能想出更多的点子吗？

最后是后区。这些指标并不那么重要，我们在这些指标上也不擅长。在这里，你再一次尝试着提出改进的想法，但又不能以任何更重要的指标为代价。

以我的经验来看，当人们在实践中使用快乐线时，通常会花费很长时间来写便利贴，而花费很少的时间来提取深刻的见解。我的建议是改变惯常的时间分配。花 5～10 分钟填写便利贴，然后花 50 ~ 55 分钟提取、归纳和总结想法。一旦你完成了，你就会有很多非常好的以客户为中心的关于如何为你的业务、部门、团队或你自己制定战略的想法，这些想法来自对客户的需求和期望更深层次的理解。

为了提取快乐线中包含的所有想法，我建议你采用一种方法论，先从"涉及一张便利贴"的想法开始，然后再转到"涉及两张便利贴"的想法、"涉及三张便利贴"的想法……

"涉及一张便利贴"的想法是将一张便利贴移得更高，更接近快乐线。例如，如果实现了"激励火车司机准时到达"这一想法，将会提高平均准点率（即使是轻微的），同时，其他所有便利贴留在原位。同样，"在铁轨上布设更好的信号"是"涉及一张便利贴"的想法。请注意，新的信号可能有助于提高速度，但是这将使速度的便利贴高于快乐线，这不是我们想要的，因此"在铁轨上布设更好的信号"的想法是"涉及一张便利贴"的想法，而不是"涉及两张便利贴"的想法。

可想而知，"涉及两张便利贴"的想法，就是让两张便利贴都更加接近快乐线。例如，"每天少开几趟车"是一个"涉及两张便利贴"的想法，因为它通过降低列车的车次和轨道上的拥挤程度来提高准点率。更重要的客户关键购买标准得到了改进（它的便利贴上升），而不那么重要的客户关键购买标准成为代价（它的便利贴下降）。

总的来说，一个想法涉及的便利贴越多，有越多可移动的部分，这个想法就越微妙，越不明显，越复杂，就越有可能起作用（因为一个涉及多张便利贴的想法是在更多客户关键购买标准之间进行权衡的结果）。

将涉及三张、四张、五张甚至更多的便利贴组合在一起产生想法会越来越困难，但这绝对值得。最好的方法是把产生想法当成一种体育活动，先用简单的"涉及一张便利贴"和"涉及两张便利贴"想法的综合列表来热身，然后继续做涉及三张、四张以及更多的便利贴的想法。

在花时间提取快乐线框架中包含的所有想法之前，许多人都想先确认他们绘制的快乐线是否正确。一种方法是进行大规模的市场调查，找出你假设的那条线（或者你假设的便利贴位置）是否确实是客户认可的。不过我有个更好的建议。

一旦你通过团队的共同努力完成了第一版快乐线，再让团队的每个成员在不同的白板上尝试了他们自己的分析版本，每个人可能就会得到稍微不同的客户关键购买标准的水平顺序或垂直顺序，甚至不同的客户关键购买标准。如果他们做得很快，你就可以迅速得到许多不同版本的快乐线。

好的团队合作技巧是依次检查每个版本，然后问自己："如果这个版本是正确的，它产生了什么想法？"因为每个版本都会有些许不同，所以最终你会得到比最初团队版本更多的想法。更令人惊讶的是，你的许多想法对所有版本来说都是通用的，尽管这些版本之间存在差异。原因很简单：好的想法可以同时解决许多问题，因此可以同时应用在许多白板上。

值得注意的是，虽然快乐线练习通常不使用实际数据，但是获得的想法都是真实的想法。为什么？因为你不需要真实的数据就可以拥有真实的想法！在两者的平衡中，出色的解决方案始终比精确的诊断更为重要。因此，如果你有很好的诊断能力，但却不善于提取想法，你就无法解决问题。最好以团队或个人的方式快速绘制出快乐线，然后花时间提取想法。

想出所有这些想法可能要花费一个小时。一小时过后，你有两个选择：继续进行我们之前提到的大规模市场调查（以确认你的初步诊断），或者花同样多的钱在你的客户和/或其他利益相关者身上测试你最好的想法，选择权在于你。我总是宁愿相信客户的行动而不是他们说的话。在商业环境中，我会花更多的钱测试解决方案，而不是验证初步的诊断。

快乐线的实际操作

下面的演示是针对 3~4 个人的典型 60 分钟会议的。

- 设置场景（1分钟）

    取一张白板页，并将其一分为二。在上半部分画出快乐线的横轴和纵轴，在下半部分画 4 个方框，标好数字 1、2、3、4+。选择利益相关者 X（客户、员工、供应商等），设想你正在从他的角度来处理问题。

- 评估利益相关者 X（10分钟）

    为这个利益相关者 X 在便利贴上写下 10~12 个关键购买

标准，保留前 7 或前 8 个，然后在横轴上按重要程度降序排列。根据这些关键购买标准（就像利益相关者会做的那样）对实际的水平进行评估，然后用一种最能让你产生有趣想法的方式来画快乐线（例如，保留稍稍倾斜的 L 形，并大致均匀地将便利贴分成两部分）。在每张便利贴的右下角用字母 a、b、c 来标示关键购买标准的重要程度。

- 产生想法（30 分钟）

  提出 3～4 个想法来改进最重要的关键购买标准，并将其写在方框 1 中。提出 3～4 个可以移动两张便利贴的想法，把它们写在方框 2 里。继续写"涉及 3 张便利贴"和"涉及 4 张便利贴"的想法。使用不同颜色的便利贴，把想法改变的关键购买标准的字母标志写在括号里，以便其他人理解你设想的权衡，例如，"想法 31（a、g、f）"（图 3-7）。

- 总结最好的想法（15 分钟）

  用 2～4 个词语来总结你最好的想法，使用清晰明确的通用词语来传达它们，并在后面加上想法改变的关键购买标准的字母。

- 如果有必要，再从其他利益相关者的视角重复上述操作。

以下是关于如何在实践中使用快乐线的 4 个额外的建议。

- 建议 1：当你试图将最初考虑的 10～12 个关键购买标准放

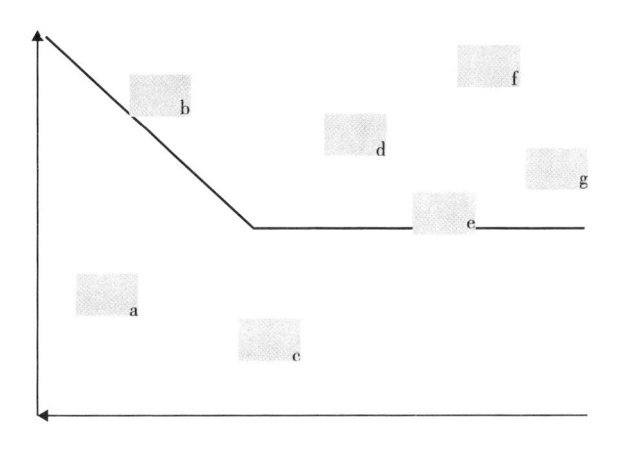

图 3-7 利益相关者 X 的关键购买标准

1	2
想法x（a） 　　　想法z（c） 想法y（a）	想法α（a、f） 想法β（a、d） 　　　想法Y（a、c）
3	4+
想法31（a、g、f） 想法32（a、f、d）	非常好的想法1 （a、f、e、d、c）

入绘制的 7~8 个关键购买标准时，不要将两个高度重要的关键购买标准合并为一个。大多数战略思考都包含大量的聚类（即把具有某些相似特征的事物组合在一起）。在绘制关键购买标准图表时，必须抑制这种冲动。如果有的话，

采取相反的思考，经常检查前四五个关键购买标准中是否共同包含一个或多个较小的关键购买标准。如果后者本身的重要性足以跻身前七，那么它们理应被剥离出来成为一个独立的关键购买标准。

- 建议2：有一个简便的方法来辨别你的想法是否合理：让便利贴按顺时针方向移动。你如果希望改善前区中的指标的水平（即图左侧的便利贴往上移），则以在顶部区域的指标水平来折中（即图右侧的便利贴往下移）。
- 建议3：人们想到的第一个想法通常是"改善A"，在这之后通常可以使用至少5～6种更具体的方法来实现A所需的改进，想法越具体越好。
- 建议4：对于"涉及3张便利贴"或"涉及4张便利贴"的想法，要将其完整地写在便利贴上变得越来越困难。快乐线图像中每张便利贴右下角的字母标志都有帮助作用。你可以写"每天减少一趟火车（a、e）"，而不是"减少火车的车次，以缓解轨道上的拥堵，从而提高准点率"。在我们的例子中，（a）与准点率有关，（e）与车次有关，所以在"每天减少一趟火车"后面写"（a、e）"，可以清楚地说明该想法在指标水平上所传递的变化。

快乐线练习：如何让你的老板满意

快乐线是一种令双方之间的关系可视化并寻找优化方法的

技巧。显然，它在公司与其客户之间的业务环境中运作良好。它也可以在公司与其供应商、监管机构、股东等之间应用，甚至可以在一个部门（信息技术、人力资源、财务等）与其内部客户（市场、销售、财务等）之间应用。

在另一种情景下，快乐线也能让你与父母、兄弟姐妹、伴侣、对你有期望或与你有私人关系的任何人更好地相处。当然，快乐线非常适合用来寻找新的更好的方法来满足你最关键的利益相关者：你的老板。那么，你应该如何利用快乐线来改善你与老板的关系呢？

首先问自己："在直接报告中，对我的老板来说重要的是什么？"然后在横轴上将这些标准按照它们对你老板的重要性进行排序（最重要的标准总是放在左边，重要性从左到右依次递减）。对于纵轴上的绘图，问自己："老板会认为我在这些方面做得如何？"根据你已经得到的反馈做个假设——过去的赞扬和批评都是很好的线索，可以让你知道什么对你的老板重要，以及到目前为止你的工作进展如何。

基于你现在所知道的，一旦有了到位的分析，可以通过"涉及一张便利贴""涉及两张便利贴"等流程来提出想法，以优化你与老板之间的关系。接下来，如果你的老板给出肯定的回应，那这就是个好主意——无论你的分析诊断是否正确；如果你的老板没有肯定的回应，那么你需要尝试其他的想法并重新进行诊断分析。

从经验来看，3/4 的举措都会被积极地接受，而其他的举措老板可能不会注意到。快乐线方法是一个非常有战略意义的技巧,可用于加速你的职业生涯!做下面两个练习,并在www.strategic.how/happy网站上分享你的结果:

- 快乐线练习1

    提出更好的想法来改善菲尔和他的老板之间的互动(图3-8)。

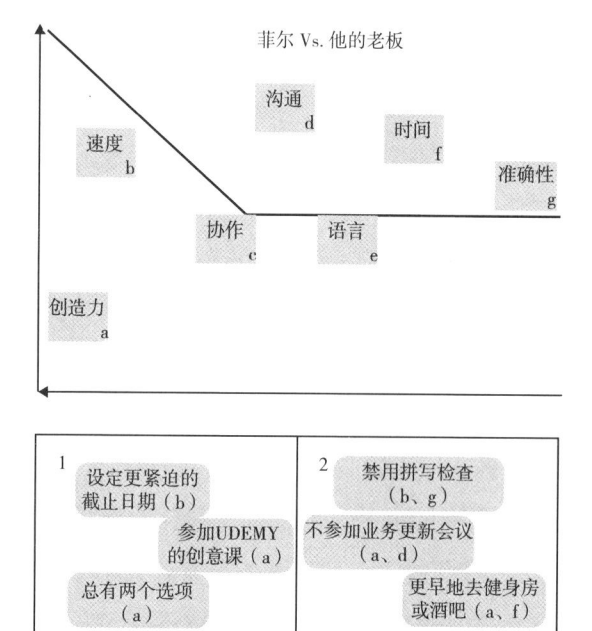

图 3-8 快乐线练习1示意图

- 快乐线练习 2

  绘制出你和老板之间的快乐线图,想出至少 5 个能让你的老板更满意的主意(图 3-9)。

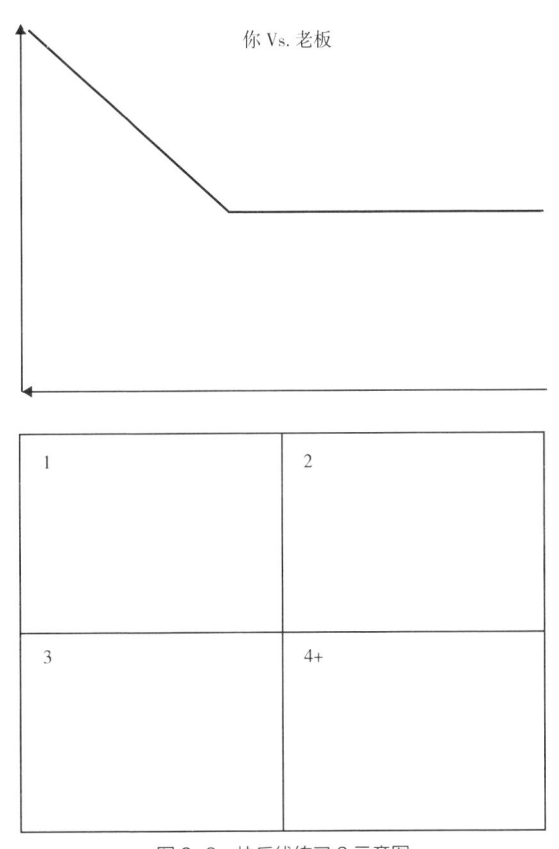

  你 Vs. 老板

1	2
3	4+

  图 3-9　快乐线练习 2 示意图

第四章
突变游戏

达尔文主义在商业上的应用

在商业中诞生一个伟大新想法的最佳方法是什么？有三种历史悠久的方法非常有效。

第一种是模仿竞争对手。这种方法不智能，也不聪明，但它运行得很好。为什么？因为创新容易失败。所有的研究都表明，创新的成功率在 5% ~ 20%，我们暂且定为 10%。如果你的竞争对手正在做一些你可以看到的工作，那么你现在所看到的是他们经历的巨大创新冰山的 10%，他们尝试的 90% 都失败了。许多人认为，与其自己制造失败的创新冰山，不如直接照搬竞争对手通过 10% 的概率已经成功的想法。我认为照搬他们的成功是件好事，但若能再加上其他灵感来源就更好了。

第二种方法是询问客户，观察客户，或者从客户身上找寻灵感。从需求端（客户）开始，而不是从供给端（竞争对手）开始。我们已经看到快乐线是如何通过新产品、新服务、新流程等将对客户的关注转化为成功的创新理念的。快乐线明显增加了创新成功的可能性。

第三种方法是改变自己。不要模仿竞争对手，也不要询问客户，要从自身开始改变。这些改变来自你现在的组织、能力、客户、竞争对手、产品、服务、流程等。我们希望通过这些微小的调整，能实现性能的逐步变化。

在商业中，大多数实践是为了不惜一切代价避免错误和对抗不可预测性。每次都能重复完全相同的内容是衡量行业和专业能力的重要方面。它是在全世界广泛采用的效率技术的核心，如六西格玛管理技术。在商界，突变被视为是危险的。

什么是突变？在生物学中，突变是基因中微小的随机变异，是自我复制过程中的一个错误。突变是潜在有用进化的第一步。达尔文将自然选择定义为一种将有用的轻微变异（又称突变）保留下来的法则。突变是自然选择的第一步，是随机的、不可预测的，但也是必不可少的。

突变游戏挑战了这种恐惧，并颠覆了这种恐惧。突变游戏是一种在商业环境中有意复制自然选择的特征和好处的方法，该方法应用于想法的产生而不再是生物实体。我们将在业务对象（流程、产品、行业等）中人为地创建大量的突变，并看看哪些突变能够生存得最好。

设计突变游戏的4个简单步骤

1. 写一个简短的句子来描述你想要改变的业务对象（流程、产品、行业等）。
2. 列出句子中每个组件的几个变体。
3. 把不同的变体串在一起产生突变。
4. 从这些多重突变中激发出许多新的想法。

让我们在实践中看看。例如，闭上眼睛，想象公司的接待区。想出5~8个通用词语并拼凑成一个句子来描述它以及相关的接待过程。我们要确保句子中的每个词都有意义，所以应避免使用太多的连接词。

这是我给你的建议。一个典型的接待区，或者更具体地说，接待过程可以描述为："两个人 | 坐 | 在桌子后面 | 欢迎 | 同事的 | 访客。"

我们这里有六个组件（六组"基因"描述了当前的接待过程）。我们将通过为每个组件生成变体来改变整个过程。

在这一步骤，我们不是在做判断，我们只是列出当前部分的逻辑替代方案。例如，我们可以用"一个人""没有人""一些人""每个人"来代替第一个部分的"两个人"。我们可以用"站""走"等来代替"坐"。我们可以用"在桌子前面""在桌子上""在户外"等来代替"在桌子后面"，用"转身离开""领进""登记"等来代替"欢迎"。我们可以用"自己的"或"任何人的"来代替"同事的"，用"送货"或"车辆"来代替"访客"。

让我们在这里暂停一秒钟。根据我的经验，每当我与人们一起进行这些会话时，在句子的第三或第四部分，人们就会开始提出一些有点愚蠢的想法（"在桌子上""转身离开"等）。这是探索丰富的可用变体的好方法（图4-1）。

两个人	一个人	没有人	一些人	每个人	5个变体 ×
坐	站	走			3个变体 ×
在桌子后面	在桌子前面	在桌子上	在户外		4个变体 ×
欢迎	转身离开	领进	登记		4个变体 ×
同事的	自己的	任何人的			3个变体 ×
访客	送货	车辆			3个变体
					2 160个突变

图4-1 突变游戏之接待过程示意图1

在这一步骤我们为接待过程创造了多少潜在的突变？人数上，有5个变体；状态上，有3个变体；位置上，有4个变体……当你将它们相乘时，你会意识到我们刚刚创造了2 160个潜在的接待过程的突变，也就是说，通过在网格中每一行选择一个组件来创建一个新句子的方法有2 160种。

因为并非所有突变都能在自然选择中幸存下来，所以并非包含在这个网格中的所有潜在突变都会被证明是有用的。为了提升概率，让我们先排除一些我们知道不会成功的变体。我们把"在桌子上"排除，"转身离开"排除，"登记"实际上是欢迎的一部分，也排除……将排除过后的每个组件的变体数量相乘，你就会意识到在新的网格中仍然有 90 个潜在的突变可供使用。90 种不同的方式将元素创造性地组合在一起，创造出不同版本的接待过程（图 4-2）。

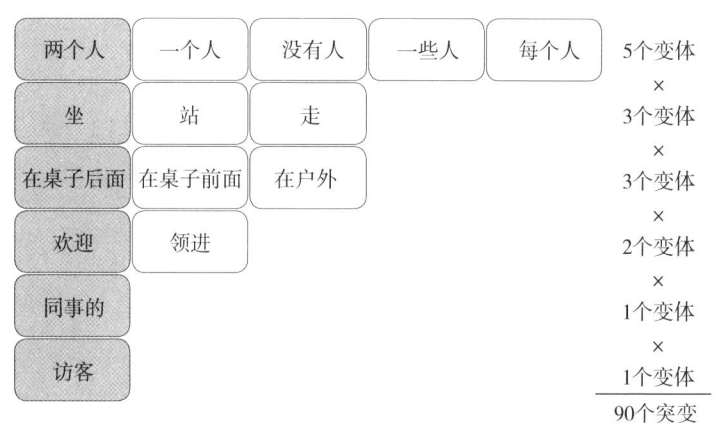

两个人	一个人	没有人	一些人	每个人	5 个变体
					×
坐	站	走			3 个变体
					×
在桌子后面	在桌子前面	在户外			3 个变体
					×
欢迎	领进				2 个变体
					×
同事的					1 个变体
					×
访客					1 个变体
					90 个突变

图 4-2　突变游戏之接待过程示意图 2

这 90 个突变中最后被证明有用的比例可能比我们开始时的 2 160 个突变要高得多。先想出一个大网格总是好的，可以激发创造力，然后再把它缩小一点，就像我们刚刚做的那样，以确保有用的想法的比例。

让我们详细看看这 90 个潜在突变中的一些是否真的有用并能在测试中存活下来。第一个可能是："一个人 | 坐 | 在桌子后面 | 欢迎 | 同事的 | 访客"（图 4-3）。

| 两个人 | 一个人 | 没有人 | 一些人 | 每个人 |

| 坐 | 站 | 走 |

| 在桌子后面 | 在桌子前面 | 在户外 |

| 欢迎 | 领进 |

| 同事的 |

| 访客 |

图 4-3　突变游戏之接待过程示意图 3

在最初对接待过程的描述和我们正在研究的突变之间只有一个部分发生了变化：从"两个人"到"一个人"。在现实世界中，我们需要改变什么才能证明这种突变有用呢？在大厅添置更多的豆袋坐垫、沙发，或者座椅。因为当接待人员从"两个人"变成"一个人"坐在桌子后面欢迎同事的访客时，你并没有改变多少。虽然这样可以节省成本，但会在一天的关键时刻在大厅里造成稍长的排队队伍。对经营接待区的公司来说成本可能更低，但对来访者来说更痛苦。你必须考虑为节省几英镑而为访客增加麻烦是否值得，反之亦然。新过程是旧过程的微小突变。本质上（少一个接待员）的差异很小，但结果（成本、速度、装置）的差异可能是巨大的。

让我们来看一个稍微激进一点的突变："没有人 | 坐 | 在桌子后面 | 欢迎 | 同事的 | 访客"。这是一种有用的突变吗？如果是的话，新的接待过程在实践中会是什么样子呢（图 4-4）？

| 两个人 | 一个人 | 没有人 | 一些人 | 每个人 |

| 坐 | 站 | 走 |

| 在桌子后面 | 在桌子前面 | 在户外 |

| 欢迎 | 领进 |

| 同事的 |

| 访客 |

图 4-4 突变游戏之接待过程示意图 4

在本例中，我们的新接待流程可以是虚拟接待员。在大堂区域的中间有一个触摸屏，访客可以在这里输入自己的身份信息，随后会通过短信或电子邮件通知他们。这种方法变得越来越普遍，而产生这种方法的突变显然是值得保留的。

现在来看"每个人|走|在户外|欢迎|同事的|访客"这个突变怎么样？这些通用词语的组合有点令人费解（图4-5）。

这种想法要么是一种愚蠢的组合方式，因为它是自动创建的，要么它迫使我们想象出我们之前从未想过的可能解决方案，因为它相较于其他选项不那么合乎逻辑。

我们如何描述这个接待区域或者这个接待过程呢？例如，苹果专卖店就是这样建立起来的。苹果专卖店的布局是一个典型的突变接待过程。这种突变被证明是有用的，因此被保留了下来。所以，苹果专卖店的布局可以认为是自然选择的、适用于接待过程的结果。

两个人	一个人	没有人	一些人	每个人
坐	站	走		
在桌子后面	在桌子前面	在户外		
欢迎	领进			
同事的				
访客				

图 4-5 突变游戏之接待过程示意图 5

再比如"一个人|站|在桌子前面|领进|同事的|访客"(图 4-6)。这是一种有较多突变的变化，它与最初描述的接待过程有四处不同，这会给我们带来什么？

这有点像餐馆的做法。这在实践中意味着什么？我现在还不太清楚，因为它不像苹果专卖店那么容易想象和标记，通过举苹果专卖店的例子，每个人都能马上理解它的含义。

在这里，我们创造了一个突变的接待过程，感觉有点像餐厅的领班，但我们还没有完全理解它在实践中意味着什么。太好了，这就是突变游戏要做的，它帮助你开拓新的可能性，要么是那些立即可以轻松描述、标记和应用的可能性（如苹果专卖店），要么是那些即使让人感觉很有趣但也很难用语言描述的可能性（如餐厅的领班）。

| 两个人 | 一个人 | 没有人 | 一些人 | 每个人 |

| 坐 | 站 | 走 |

| 在桌子后面 | 在桌子前面 | 在户外 |

| 欢迎 | 领进 |

| 同事的 |

| 访客 |

图 4-6　突变游戏之接待过程示意图 6

突变游戏的目的是在对业务对象（产品、过程、行业等）的描述中进行很少的更改，而在外部实现较大的改变。即以最小的内部变化产生最大的外部影响。如果你能够清楚地看到新版本描述和原始版本描述之间的联系，那么你可能会发现执行该新版本所激发的想法不会太困难。此外，这些新想法可能会极大地吸引你的用户（客户、老板、同事等）。

突变游戏的另一个好处是它完全基于文字，不需要复杂的数学知识或金融知识。公司里的每个人都可以玩，在每个级别、每个职能、每个问题上都可以玩。突变游戏是一种很棒的思考技巧，因为它可以从公司每个人的大脑中提取新想法，可以用来解决你面临的每个问题，而且它不需要昂贵的培训费用或额外的资源，只需要几张便利贴和一面墙，即可使你快速地产生许多好想法。

突变游戏的例子和练习

让我们看一个出租车行业突变的例子。在大多数城市，你可以用这样一个句子来描述传统的出租车行业："个人 | 在街上 | 招呼 | 随机的 | 有执照的出租车 | 短途出行"（图 4-7）。

你知道接下来会发生什么吗？我们要看看这个句子的每个组件，然后想出变体。我们可以用"团体"或"物件"代替"个人"，用"提前预约"代替"在街上"，"招呼"可以变成"打电话"或"在网上"，"随机的"可能会变成"熟悉的"或者"得到许可的"，"有执照的出租车"可能会变成"没有执照的出租车"或"私家车"，"短途出行"可以变成"长途出行"。在这个网格中有 324 个潜在的突变可能。

个人	团体	物件	3个变体
			×
在街上	打电话	在网上	3个变体
			×
招呼	提前预约		2个变体
			×
随机的	熟悉的	得到许可的	3个变体
			×
有执照的出租车	没有执照的出租车	私家车	3个变体
			×
短途出行	长途出行		2个变体
			324个突变

图 4-7　出租车行业突变示意图1

在最初的描述中，只有紧凑简洁的6个组件。我们限制每个组件只能有2~3个变体，尽管如此，在一分钟之内，我们仍然可以找到324种可能使出租车行业突变的方法——这是一个惊人的数量。让我们来看看其中的一些突变。

例如，"个人|打电话|提前预约|随机的|有执照的出租车|短途出行"（图4-8）。在英国，那就是迷你出租车。每个国家都可能有自己的版本。

图 4-8　出租车行业突变示意图 2

因为我们现在已经可以"打电话""提前预约"，那么我们更进一步乘坐"私家车"而不是"有执照的出租车"，"得到许可的"而不是"随机的"，我们现在拥有的是"个人|打电话|提前预约|得到许可的|私家车|短途出行"（图4-9），比如"优步""滴滴"以及很多其他约车领域的应用软件。

个人	团体	物件
在街上	打电话	在网上
招呼	提前预约	
随机的	熟悉的	得到许可的
有执照的出租车	没有执照的出租车	私家车
短途出行	长途出行	

图 4-9 出租车行业突变示意图 3

让我们看一下可用的出租车行业变体的其他方面，如果我们能够通过改变不同的组件发现它们的话，或者如果我们几年前发现了它们的话，对我们来说可能是有利可图的。让我们改变网格底部的两行，然后检查一下："个人 | 在街上 | 招呼 | 随机的 | 私家车 | 长途出行"（图 4-10）。

个人	团体	物件
在街上	打电话	在网上
招呼	提前预约	
随机的	熟悉的	得到许可的
有执照的出租车	没有执照的出租车	私家车
短途出行	长途出行	

图 4-10 出租车行业突变示意图 4

你很容易就能看出这是搭便车。在发达国家，搭便车可能是一种即将消亡的交通方式，但在有些国家和地区它仍然是一种非常流行的交通方式。

让我们改变更多行，变得更极端："个人 | 在网上 | 提前预约 | 得到许可的 | 私家车 | 长途出行"（图 4-11）。

个人	团体	物件
在街上	打电话	在网上
招呼	提前预约	
随机的	熟悉的	得到许可的
有执照的出租车	没有执照的出租车	私家车
短途出行	长途出行	

图 4-11 出租车行业突变示意图 5

因为改变了更多行，与开始的描述大不相同，我们知道结果将会与传统的出租车行业非常不同。了解这方面的人可能知道法国拼车公司 BlaBlaCar，不了解这方面的人可能已经发现这些组件的组合充满了潜力，是一种搭便车和公共汽车服务之间的结合。

看看我们提出的想法，一个想法价值数十亿美元（优步），另一个想法也价值数十亿美元（BlaBlaCar），还有一个想法不值钱（搭便车）。

突变游戏方法可以很好地提出新流程，就像我们在接待区流程中看到的；突变游戏方法也可以激发出新公司，就像我们在出租车行业中看到的。突变游戏方法还可以很好地提出新计划、新产品、新业务、新行业等。突变游戏是一种普遍适用的方法，可以让你在项目初期的思考中"向上"发展，帮助你快速想出很多可行的选择。我们将在后面的"向下"部分中看到，如何从这些想法中选出最佳想法，从而得出一个可行的新解决方案。

让我邀请你们进行一个快速而简单的练习，以便更好地感受整个过程。想象一下，彼得是你的一位美国朋友，碰巧他现在对自己的社交生活有点不满。当问及他的社交生活时，他回答说："冬天 | 和家人 | 吃"（图4-12）。显然，感恩节、圣诞节和"超级碗"（美国职业橄榄球大联盟的年度冠军赛）占据了彼得的社交生活，是时候给它加点新鲜的东西了。试图在内部进行一些微小的更改以实现外部结果上的巨大变化的最好方法是什么呢？突变游戏！让我们来试试改变彼得的社交生活。

	1	2	3	
	冬天	夏天	秋天	3个变体
				×
	和家人	和朋友	和陌生人	3个变体
				×
	吃	喝	运动	3个变体
				27个突变

图4-12 彼得的社交生活突变示意图

拿起纸和笔，使用图4-12网格中的三行列出你想到的所有想法。我们将网格控制得很小，每个组件只有两个替代方案。除了感恩节、圣诞节或节礼日（每年的12月26日，是在英联邦部分地区和一些其他欧洲国家庆祝的节日），你还能有多少想法？

我们已经对表里的突变进行了编号，以帮助你给每个突变一个唯一的编号并跟踪你的想法。例如，"烧烤"这个词来自突变112（"夏天｜和家人｜吃"），"节日"这个词来自突变232（"夏天｜和陌生人｜喝"）。因为在这个练习中，我们只有很少数量的可能突变（27个，而不是典型情况下的数千个），所以我们可以将它们放入一个表中（表4-1）。

表4-1 彼得的社交生活突变

突变			突变唯一编号	想法
吃	和家人	冬天	111	圣诞晚餐，感恩节
吃	和家人	夏天	112	烧烤，在公园野餐
吃	和家人	秋天	113	……
吃	和朋友	冬天	121	瑞士烤奶酪之夜
吃	和朋友	夏天	122	……
吃	和朋友	秋天	123	在乡村散步，去酒吧午餐
吃	和陌生人	冬天	131	……
吃	和陌生人	夏天	132	等等
吃	和陌生人	秋天	133	
喝	和家人	冬天	211	

续表

突变			突变唯一编号	想法
喝	和家人	夏天	212	
喝	和家人	秋天	213	
喝	和朋友	冬天	221	
喝	和朋友	夏天	222	
喝	和朋友	秋天	223	
喝	和陌生人	冬天	231	
喝	和陌生人	夏天	232	
喝	和陌生人	秋天	233	
运动	和家人	冬天	311	
运动	和家人	夏天	312	
运动	和家人	秋天	313	
运动	和朋友	冬天	321	
运动	和朋友	夏天	322	
运动	和朋友	秋天	323	
运动	和陌生人	冬天	331	
运动	和陌生人	夏天	332	
运动	和陌生人	秋天	333	

这张表是故意不填写完整的,你可以随意添加你的想法。根据我的经验,人们在完成8~10个想法后就会失去动力,这也是为什么与一些人(通常是4~6人)一起玩突变游戏是件好事。

你将在表中注意到,一个突变可以触发多个想法。突变

112可以让你想到烧烤和在公园野餐。同样，一个想法可能来自几种不同的突变。在乡村散步和去酒吧午餐既可以被认为是一种饮食观念（源自突变123），也可以被认为是一种运动观念（源自突变323），这是非常好的，也是令人满意的。你探索的突变越多，越有可能想出好点子。

记住，自然选择是一个过程，通过这个过程，一个个有用的突变被保留了下来。你探索的突变越多，更多的突变就越有可能被证明是有用的突变。这在我们的练习中意味着什么？这意味着你要经历尽可能多的27个突变，强迫自己提出尽可能多的想法。实践证明，你的想法越多，其中的两三个想法就越有可能彻底改变彼得的社交生活。

突变游戏的实际操作

下面的说明针对的是一个典型的4~6人参加的60分钟的会议。突变游戏只需要便利贴、记号笔和一面墙就可以运行良好。你也可以在www.strategic.how/mutation网站上查看我们的应用程序，以获得更有效率的会议模板。

- 起草描述（5分钟）
  选择一个有意义的、由5~8个组件组成的字符串，并用一句话描述要发生突变的对象。把这些内容写在便利贴的一栏中。（理想的情况是每个组件用一个通用词语，在适当的情况下，一个组件可以包含多个通用词语，例如"短途出行"。）

- 生成替代组件（15 分钟）

  生成一个可选组件的网格，使初始描述句中的每个组件有 2～4 个可选组件（如果需要，可以写下 5～6 个可选组件，然后选择你偏好的组件）（图 4-13）。

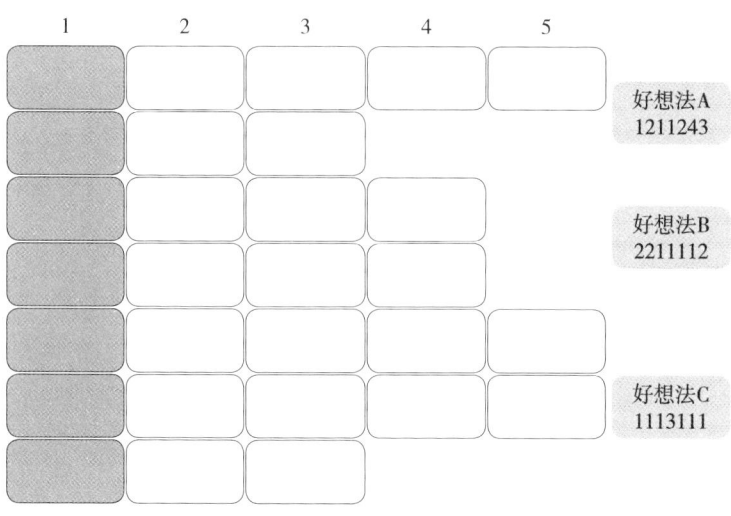

图 4-13　生成替代组件示意图

好想法A
1211243

好想法B
2211112

好想法C
1113111

- 挑选突变并产生想法（30 分钟）

  突变是通过每行选择一张便利贴而得到的句子。每个突变都通过列出它包含的词语的列号而获得一个唯一的编号（注：初始描述的突变编号是一个由 1 组成的长字符串）。通过大约 50 个突变，每一个突变花费 10～20 秒，来激发创造性的想法。对于一个突变，你可以有不止一个想法，还可以从许多突变中产生一个相同的想法。在任何时候如果你发现自己毫无头绪，那就转移到下一个突变体。

- 总结你最好的想法（10 分钟）

  用 2～4 个词总结你最好的想法，清晰明了地表达出来，并加上触发这个想法的突变编号，以便回忆。

下面是关于如何在实践中使用突变游戏的 4 个额外建议。

- 建议 1：瞄准一个矩形网格。对于该游戏来说，网格的完美形状可能是 5～8 个垂直组件，2～4 个水平组件。尽可能将网格填满整个矩形，例如，不能比接待流程示例中的空格少。
- 建议 2：在生成突变时，先从一两个组件的变体开始。一个突变越接近原始描述，它就越有可能触发有意义的想法。如果你在网格的每一行中选择过多变体而不是原始组件的话，你就更有可能产生疯狂的想法或什么都产生不了。从网格里除了第一列之外的格子中挑选所有的组件，并花几分钟来检查突变，是一种减少约束和激发创意的好方法。回到网格的第一列去挑选大部分的组件将更容易产生想法，这些想法更有可能在适当的时候经受住现实的考验。
- 建议 3：虽然我们往往倾向于从需求端开始的原始描述，但最好需求端和供给端两者都尝试。在出租车行业的例子中，我们最初的描述从需求端开始，即"个人 | 在街上 | 招

呼|……",而以供给端主导的描述将类似于"有经验的司机在街上漫游,寻找短途乘客"。由需求端主导和供给端主导的描述有不同的好处,两者都应该尝试。从需求端开始通常更能拓展思维——顾客是上帝!

- 建议4:使用www.strategic.how/mutation网站上的应用程序。相比于便利贴和墙,使用这个应用程序有两个主要的好处。一个好处是,由于它拥有"保存和查看"功能,你可以在应用程序中完成大量的突变并快速查看突变情况,然后向左滑动保存那些你以后想多花点时间查看的突变。另一个好处是,能够真正使突变随机化。当你一行接一行地手动选择一个个突变时,你就会试图写出一个有意义的句子。换句话说,你会无意识地有选择上的偏向。相反,该应用程序使你能够针对意外的随机突变进行适当的测试,这些突变通常会带来更重大的突破和创新。比起便利贴和墙的形式,该应用程序更接近真实的自然选择!

突变游戏练习:麦肯锡如何拓展业务

突变游戏是一种发散性思维技巧,可帮助你在很短的时间里创造出数以千计的替代方案。

让我们假设,麦肯锡巴西分公司的高级团队正在寻找拓展业务的方法。当然也可以是其他公司的高级团队,只要满足在过去几年该国家的经济运行平稳,同时战略咨询公司之间的竞争正在加剧。该公司的高级团队可能想要探索他们的业务边界，看看一些相近的领域是否能提供更丰厚的利润。

第一步是写一个由 5 ~ 8 个通用词语组成的句子，描述一个人想要改变的对象：在这里，就是他们的咨询业务。大多数要突变的对象可以从供给端和需求端分别描述。这里有四个尝试描述咨询业务的句子，供给端和需求端各两个。

- 需求端：一个 | 公司 | 支付 | 外部 | 专业人员 | 交付的 | 项目。
- 需求端：公司 | 从 | 有资格的 | 人 |（那里）收到 | 关于问题的 | 建议。
- 供给端：人们 | 帮助 | 客户 | 解决 | 困难的 | 业务 | 挑战。
- 供给端：专家 | 收费 | 帮助 | 客户 | 解决 | 业务 | 问题。

当你选定了一个句子，你就需要填写一个由替代组件组成的网格，句中的每一个组件都有 2 ~ 4 个替代组件。当你对你的网格感到满意后，快速地浏览大约 50 个可能的突变，以触发新的想法。然后你可以用 2 ~ 4 个通用词语总结出你最好的想法，并附上触发这个想法的突变编号，以便跟踪。

我们现在有两个例子让你练习突变游戏技能，我们邀请你在 www.strategic.how/mutation 网站上分享你的解决方案：

- 突变游戏练习 1

从哈鲁托描述的句子和绘制的网格中找到更好的想法，拓展麦肯锡巴西分公司的业务（图4-14）。

- 突变游戏练习2

  想出一个可替代原始描述的句子并绘制表格，想出至少三种可以帮助麦肯锡巴西分公司拓展业务的方法（图4-15）。

	1	2	3	4	5		
	专家	消费者	人工智能	客户	承包商	管理咨询 1113121	哈鲁托拓展麦肯锡巴西分公司业务的举措
	帮助	研究	审查	分享	发明		
	客户	雇员	竞争者	股东	社会	最佳实践论坛 4114152	
	解决	厘清	实现	测试	减轻		
	商业的	工业的	社会的	个人的	政治的	商业"猫途鹰" 2111112	
	问题	解决方案	想法	机会	方法		
	收费	免费	交换	通过订阅	为一个拥抱	提醒服务 3231114	

图4-14　突变游戏练习1示意图

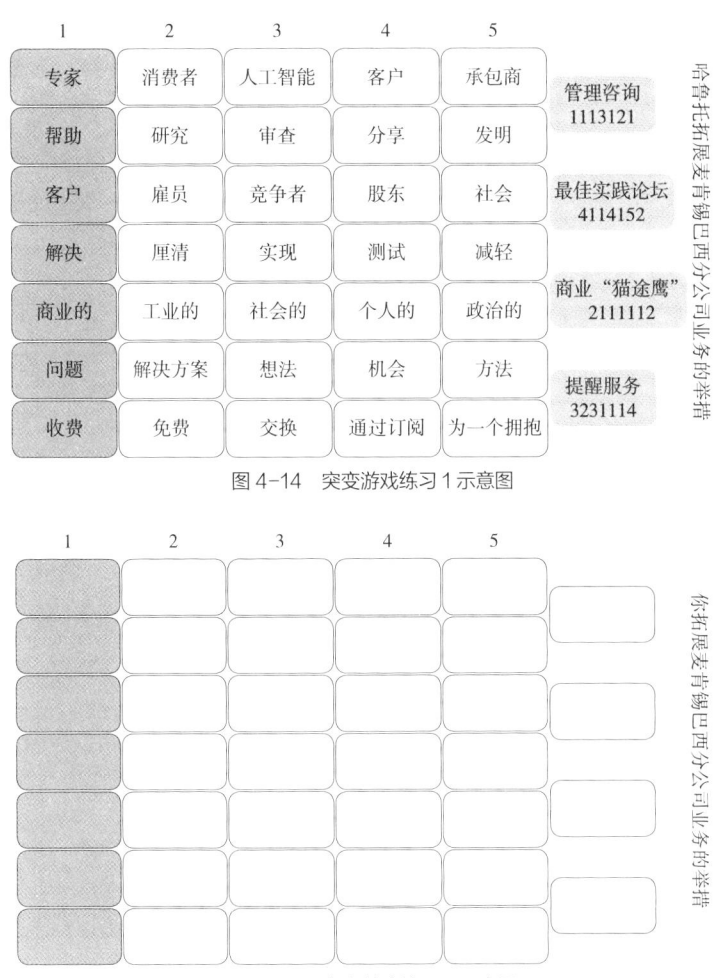

	1	2	3	4	5	
						你拓展麦肯锡巴西分公司业务的举措

图4-15　突变游戏练习2示意图

第四章　突变游戏

第三部分

如何迅速排除不合适选项（"向下"）

在商业环境中，有很多方法可以做到从"清晰"到"确定"，我们在本书的第一部分提到可以运用以下方法：

- 使用各种定性技术将你的所有想法相互对应，并让这些想法角逐出自己的排名。
- 在如此多的量化技术中，有一些技术可应用起来为你目前的选项提供更多的数值验证。
- 尽可能构建现实生活测试，从而在实践中证明剩下的每一个选项的可行性。

在这一部分，如何迅速排除不合适选项（"向下"），我们将从每一种方法中研究一种技巧：

- 一种定性技术，收益表现矩阵。
- 一种定量技术，场景分析。
- 一项现实生活测试，精益创业。

一般说来,"向下"运用三种"武器"来排除不当想法:文字、数字和行动。如果一个想法听起来是正确的(使用文字),得分很高(基于数字),并且在实践中表现良好(基于小规模测试),那么它可能是你所有的组合中较好的想法之一。验证想法需要用到上述三种方法各自对应的一种要素,而且很可能按这个顺序进行验证。得到文字很容易且成本低,得到数字也不贵,但正确的数字可能需要一段时间才能出现。在许多行业,虽然现实生活测试以及行动越来越便宜,但构造它们需要花费的时间越来越长。你要确保你测试的是迄今为止最好的想法。因此顺序是:文字、数字、行动。

简言之,"向下"指的是从一个很高的高度潜入数据世界(文字、数字、行动)以确定你已有的一个想法成功或者不成功的可能性。事实证明,数据稀少、不可靠且相互矛盾的情况并不少见。不出所料,你可能会在某一刻感觉到,相比于项目初期,你离完成工作的距离更远了。但是隧道的尽头会有亮光!在一些项目中,进行一次适当的过山车之旅也是很常见的,其中不止一次"向上"摇摆到"清晰",也不止一次"向下"潜入数据世界。最终,你会抵达"确定",而且你手头将有一个强有力的证据来证明你的想法。

任何好的"向下"阶段都需要结合这里列出的三种技巧。请注意,收益表现矩阵通常需要大约一个小时,场景分析可能需要几个小时到几天,精益创业可能会持续几分钟到几周。

第五章
收益表现

收益表现矩阵

认识到一项业务是一系列行动计划或"动作"的组合并非难事。倘若确实如此,那么,行动计划越成功,业务将做得越好。而成功源自对一个包含这些"动作"且持续变化的组合的良好管理。

这些"动作"可能是老项目,也可能是新项目,甚至是你身边人眼中新的亮点。例如,按照我们在前面章节中看到的思路,人们在"向上"的驱动下产生了全新的想法。一般而言,指的是使用快乐线、突变游戏等能让人快速产生好想法的"动作"。

收益表现矩阵是一个极好的手段,它可以快速地分类、优化和改善你生活中的"动作"。这种方法在应对公司层面的大型项目上收效极佳,尤其是在团队层面的行动计划上。这不仅适用于喜欢数字的人，也适用于那些不喜欢数字的人，所以这就把整个公司都包含进去了。

我们现在需要引入三个概念：立场、赌注和矩阵本身。

立场

首先，让我们来看看立场指的是什么。从根本上来说，一个公司（部门或者团队）可以选择三种不同的立场来应对未来，分别是：

- 塑造未来。
- 适应未来。
- 保留参与的权利。

像苹果这类公司通常寻求塑造未来。无论它们做什么，它们都试图在行业中取得领导地位，并通过在制定标准、创造需求等方面扮演关键角色来赢得胜利。与之相对的另一种方式便是保留参与的权利，即投入足够的资金以确保未来能继续参与竞争，这同时也可以避免做出草率的决定。可能有人会提到，微软在过去的 20 年里通过在不同的领域〔搜索引擎（必应）、办公聊天（MSN）等〕中进行少许投资，从而一直保留着参与多个领域的权利。

其他公司可能会坚决地选择适应未来，成为市场上行动第二快的公司。它们的目标是通过速度、敏捷性和灵活性来识别和抓住现有市场中的机会。例如，德勤公司坚信这样一种战略，只有在别人已经打开市场之后才会选择进入，然后试图超越它们。

最后，绝大多数公司将它们的行动计划分散在上述三种立场上。它们试图在一些领域塑造未来，而在另一些领域适应未来，并保留在更多领域中的参与权利。

赌注

除了上述提到的立场之外，我们感兴趣的第二个概念是公司通常会下的赌注。在商业环境中，赌注大致有三种类型：

- "落子无悔"。
- 期权。
- 大赌注。

"落子无悔"这类赌注是指在任何情况下都会产生积极结果的决定。这可能有点自私，我倾向于认为训练属于这一类赌注，投资于训练总会带来积极的收益。这种收益有时不明显，有时非常明显，有时带来彻底的提升。所以，训练属于"落子无悔"这类赌注。

期权通常是先付一小笔钱的赌注。在大多数情况下，这种花费没有带来任何收益，或者很少；而在少数情况下，它会带来巨大的回报，彩票就是一个典型的期权例子。

买了彩票后,大多数时候你只是把它扔进了垃圾桶。但偶尔,你也会得到回报。

最后一种类型的赌注是大赌注。在某些情况下,你会得到很大的正面收益,而在另一些情况下,你会得到很大的负面收益。想象一下用一把上了膛的枪玩俄罗斯轮盘赌。没错,你可能赚得盆满钵满,但你也可能输得倾家荡产。你最好在玩游戏前知道其中获胜的概率(例如,还剩多少子弹)。

矩阵

我们现在可以把立场和赌注组合成一个 3×3 的网格。由此得出的收益表现矩阵反映了公司为应对未来可能押下的不同类型的赌注和采取的不同类型的立场。横轴(立场)从左到右依次为塑造—适应—保留,纵轴(赌注)自上而下依次为大赌注—期权—"落子无悔"(图 5-1)。

	塑造	适应	保留
大赌注			
期权			
"落子无悔"			

图 5-1 收益表现矩阵示意图

假设你目前正在考虑 10～20 项行动计划，并由你的整个公司、商业组织、部门或团队来实施。我们现在用便利贴来记录每一个行动计划，并把它们都写在矩阵里。典型的行动计划包括"进入 X 市场""推出新产品 Y""改进销售奖励计划""收购 Z 公司""重构营销职能""重做商标"等。

我们提出两个问题来依次描述每个行动计划：

- 该行动计划是一个大赌注、一个期权，还是一个"落子无悔"的赌注？
- 它塑造未来、适应未来，还是保留参与的权利？

整理便利贴可能会花费一些时间，这取决于房间里参与者的数量，而且会有很多争论。通常情况下，需要先快速浏览所有行动计划，然后马上标出那些大家完全认同的行动计划。对那些有争议的提案进行第二轮筛选，速度要慢一些。同时，比较这些整理出来的行动计划将带来一定的帮助。收益表现矩阵直观地将你的公司概括为包含一系列行动计划的组合，如图 5-2 所示，并通过四个关键决策帮助你优化这个组合：委派、毁除、讨论和拖拽。

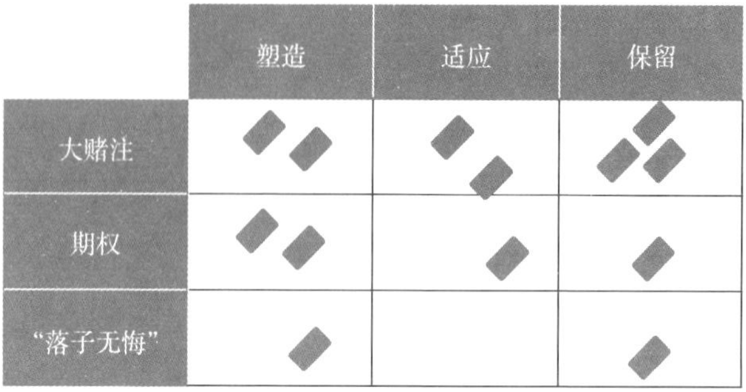

	塑造	适应	保留
大赌注	◆ ◆	◆ ◆	◆ ◆
期权	◆ ◆	◆	◆
"落子无悔"	◆		◆

图 5-2　行动计划的收益表现矩阵示意图

委派

第一个决定是把"落子无悔"的行动委派给别人（图 5-3）。你可以立即从矩阵网格中移除这些行动计划。这些行动计划通常是房间里的参与者不应该讨论的事情。从定义上来说，"落子无悔"的行动是指能带来正面收益的行动。把它委派给下属，让下属尽其所能去实现各自所能取得的最大回报。

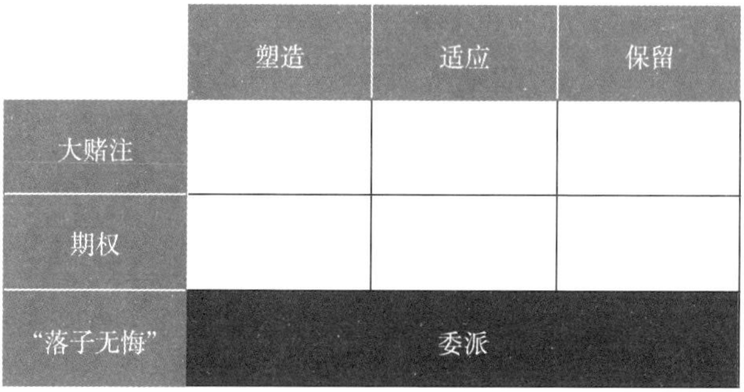

	塑造	适应	保留
大赌注			
期权			
"落子无悔"	委派		

图 5-3　收益表现和决策矩阵示意图 1

毁除

第二个决定是毁除最右上角网格中的"保留大赌注"。那个角落应该是空的。一家公司没有理由在只保留参与权的情况下押下大赌注。为什么？因为矩阵中的纵轴，广义地说，是对风险的衡量；而横轴，广义地说，是对收益的衡量。收益表现矩阵是一个风险-收益矩阵。"保留大赌注"的行动所承担的风险相对收益而言太大。那么应该做些什么呢？提高收益。把当前版本的行动计划更改为新版本，从而得以将该行动计划的收益表现放在矩阵中更优的部分（图5-4）。

	塑造	适应	保留
大赌注		? ←	毁除
期权		?	?
"落子无悔"	委派		

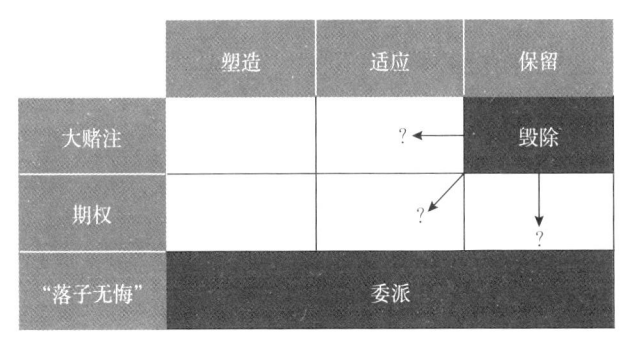

图5-4 收益表现和决策矩阵示意图2

有三种方法可以提高"保留大赌注"行动计划的收益。如果我们要继续承担这样的风险，我们应该采取"适应"的行动。换句话说，我们能做一些给公司带来更大利益的事情吗？或者，也可以做出以下决定，如果我们只是保留参与的权利，我们就应该将行动计划转向"期权"。换言之，我们能不能把它分成连续的几个阶段，然后只在每个阶段初始取得成功后再进行投资？更理想的是，我们可以尝试将这两种转变结合起来，构建出一个当前行动计划的新版本，从而既实现更低风险（期权而不是大赌注），又有更多回报（适应而不是保留）吗？

例如，脸书和谷歌的一项重大行动计划就是试图用高海拔设备环绕地球来扩大互联网覆盖范围。谷歌的"潜鸟计划"项目于 2013 年推出，这是一次雄心勃勃的押注，希望通过遍布全球的热气球将互联网带至全世界。这显然是一种"保留大赌注"行为，失败的概率和成本都非常高，甚至在成功的情况下，该项目的结果也能通过其他方式实现（也就是多了一种为人们提供互联网服务的方式）。

有什么方法可以改善"潜鸟计划"项目，并将其从"保留大赌注"的位置上转移出去？有三种可能：

- 向下选择"期权"（例如，一次只发射一个热气球）。
- 向左选择"适应"（例如，关注一个没有太多互联网覆盖的国家）。
- 向下同时向左（在一个国家只发射一个热气球）。

事实证明，"潜鸟计划"在 2018 年 7 月宣布了第一笔商业交易：与肯尼亚电信公司合作，为该地提供移动通信服务。就肯尼亚的 5 000 万人口而言，虽然大多数人可以享受到移动通信服务，但这个国家的大部分国土都不在互联网提供商的服务范围之内。因此，从"一个热气球"开始就有好处。谷歌最初的"保留大赌注"在五年内被"毁除",变成了"适应"选项,从到处都是热气球到只在肯尼亚有一个热气球。如果谷歌在 2013 年就开始采取在任意一个国家放置一个热气球的做法,那么它现在可能会在"潜鸟计划"项目上走得更远。

收益表现矩阵的优势在于识别出许多改善你初始行动计划收益表现的方法,尤其是不幸的"保留大赌注"。多年来,无论哪家公司,我常常见到有 20%~30% 的行动计划最终都出现在右上角,风险太大且实在没必要。往下移动,向左移动,或者更好的是,同时移动。提高行动计划的收益可能是你能对未来财富做出的最有效的调整。这是一个创造性地解决问题的时刻,通常更多地依靠团队的智慧、语言、天赋和项目知识,而不是大数据或分析的技巧。

讨论

第三个重要的决定是讨论"塑造大赌注",它位于矩阵左上角的格子。以下是管理团队真正应该花时间的地方:与提出行动计划的人进行探讨并保持良好的领先意识。为什么?因为矩阵的这个角落有可能以某种方式极大地影响公司的未来,不成功便成仁。它代表着最大回报以及与之相伴的最大风险,成败在此一举。一个好的团队应该投入大量的时间重新检查是否有一个更聪明的办法来使这些行动计划更具"期权"性,而不是继续选择当前的"大赌注"(图 5-5)。

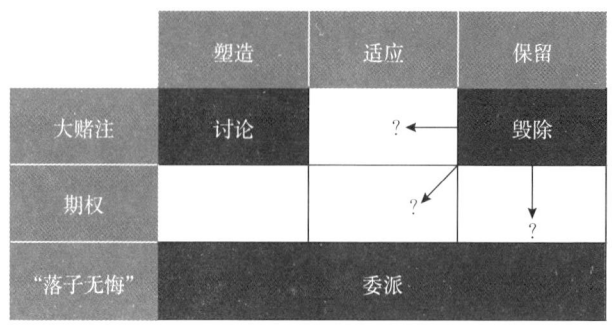

	塑造	适应	保留
大赌注	讨论	?	毁除
期权		?	?
"落子无悔"		委派	

图 5-5 收益表现和决策矩阵示意图 3

拖拽

现在，你已经熟悉了在矩阵内的移动计划，你可以看到这个网格中的最佳位置（一旦我们委派了"落子无悔"行动计划）是"塑造期权"方框（图 5-6）。任意符合这种情况的行动计划都会给你带来"塑造"维度的积极回报，以及承担"期权"做法导致的更小风险。因此，第四个也是最后一个决定就是查看所有剩余的行动计划，并尽可能将它们拖到"塑造期权"的方框中。到现在为止，你已经熟悉了所需的具体行动计划架构的设计方式（更少的风险、更多的回报、不断调整的过程），在此基础上可以生成一个新的行动计划，使之能放在更靠近期望中的收益表现框架。

小结

通过遵循以下四管齐下的方法能实现收益表现矩阵部分中的最优战略结果。

- 委派所有的"落子无悔"行动。
- 毁除所有的"保留大赌注"。
- 讨论所有的"塑造大赌注"。
- 把其他的行动计划拖拽至"塑造期权"方框。

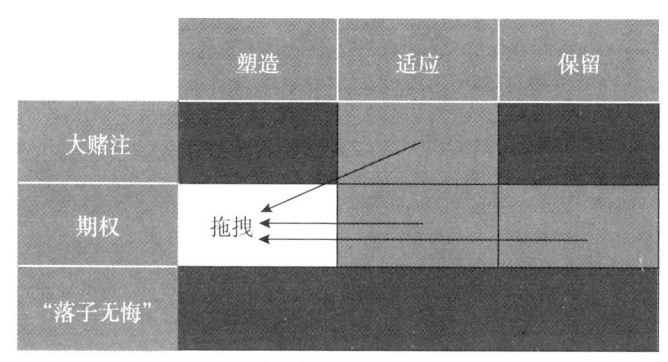

图 5-6　收益表现和决策矩阵示意图 4

以上分析的内容实际上是 21 世纪波士顿咨询公司的增长份额矩阵。收益表现矩阵是一种组合优化工具，它较少依赖于数字，更多地依赖于参与者的聪明才智。这要求他们具备多功能性，以创造出与初始行动计划稍有不同的版本，以此改善每个行动计划的收益表现，从而增加整个公司的财富。

收益表现实例

收益表现矩阵可以帮助你优化公司的战略计划，无论这些计划是外部的（新市场、新产品等）还是内部的（新流程、新技术等）。例如，联合利华正在执行一项名为"可持续生活计划"的战略，该战略包含许多同时存续的内部因素和外部因素。

在外部方面，联合利华在其网站上表示，它有"一个明确的目标——让可持续的生活常态化，以及一个愿景——在自身成长发展的同时消除由此对环境造成的影响并增强对社会的积极影响"。

上述是针对以下三大目标而建立的：

- 在 10 年内：帮助超过 10 亿人改善他们的健康和幸福（通过卫生、营养和其他方面）。
- 在 20 年内：将制造和使用联合利华产品造成的环境影响（温室气体、水的使用、可持续采购、废弃物和包装）减半，同时保持自身业务持续发展。
- 在 10 年内：改善数百万人的生计（通过工作场所的公正、女性的机会和包容性商业），同时保持自身业务持续发展。

我们可以很容易地想象出一个收益表现矩阵会是什么样子，它将包含以三大目标为考量的所有行动计划。然而，为了让这个例子对你有意义，你需要相当多的专业知识，比如在营养、温室气体、工业废弃物处理等方面。

让我们来讨论一下应用于内部行动计划的收益表现矩阵——这在大多数组织中是相似的，因此更容易理解。例如，联合利华引入的"5C"框架帮助其营销人员改变宏观战略视野来优化他们的日常事务活动。"5C"分别代表消费者、连接、内容、社群和商业。用联合利华营销总监2017年在《竞选》杂志中对艾米莉·谭说的话来讲：

- 消费者：让消费者成为你"真正的方向"。联合利华这一品牌发挥的作用在于通过厘清无序混乱来预测目标消费者的需求并提供帮助，从而协助消费者简化生活。
- 连接：尽管广告业仍旧在运转，但它必须进化。如今，它指的是在一定背景环境下紧密相关的实时联系。数字生态系统需要彻底整顿，否则消费者的网上体验将依旧糟糕。
- 内容：目标消费者拥有更好的辨识工具，并且无法容忍虚假。人们并不讨厌广告，而是讨厌糟糕的广告……我们在传统的插播广告营销中合理地安排业务，并寻找能够特别吸引人们需求或热情的内容。
- 社群：这是关于"利用地球上70亿人的创造力"。联合利华将实时倾听并与消费者社群互动，利用数据共同创造并建立更深层次的关系，在潜在趋势出现前发掘它们。
- 商业：不仅是购买，还包括阅览、便利、实用、体验，甚至是娱乐。联合利华正在试验新的商业模式及手段来直接接触目标消费者。

消费者、连接、内容、社群和商业短期内不会过时，这个"5C"框架与今天的大多数组织都相关。然而，这确实代表了现有管理实践的重大转变。想象一下，联合利华的学习与发展团队因此正在整理一份全面的项目和计划清单来帮助培训新领导人和经理。这包括在午餐时间为数百人做演讲的嘉宾、优兔上的专有功能播放管理列表、个人可以花在关于培养选择这一技能上的微观预算等。这些不同的行动计划可以被标在收益表现矩阵中。

学习与发展团队预算中最大的部分可能仍然是传统的高管教育：派遣 15 名全球营销部门中最聪明的人才到哈佛大学或欧洲工商管理学院参加为期四周的课程。学习与发展团队寻找方法来改变这一特定行动计划的收益。这是一种"保留大赌注"："保留"是因为每个大公司都这么做；这是一个"大赌注"，因为这是学习与发展预算中的一大块，很多人从课程结束回来后就离开了赞助他们的公司。

考虑到一个小时内在矩阵中放好这些想法，学习与发展团队可以很容易地创建一个滑动路径，在几步内将高管教育项目从"保留大赌注"这一角落一路转移至极好的"塑造'落子无悔'"周围的方格内。

从目前流行的版本 A 到未来更受欢迎的版本 F，这一过程如图 5-7 所示。

- A：高管教育（在如哈佛大学、欧洲工商管理学院等著名的学校参加为期一个月的领导力发展课程）；
- B：共享高管教育（与 A 相同，但有从公司当前供应商和合作伙伴那里邀请来的额外参与者）；

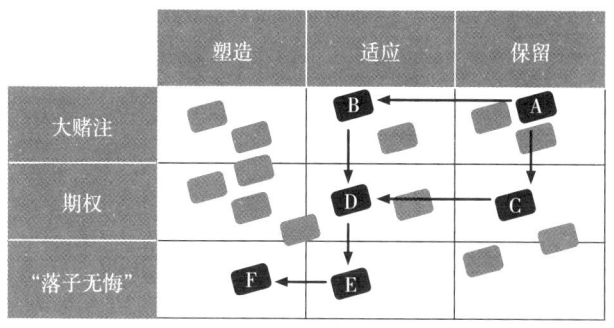

	塑造	适应	保留
大赌注		B	A
期权		D	C
"落子无悔"	F	E	

图 5-7 联合利华的领导力发展

- C：发展冲刺（在公司内部而非在校开展为期一周的领导力发展计划）；
- D：共享发展冲刺（为期一周的项目，内部交付，并与来自供应商和合作伙伴公司的参与者一起）；
- E：研讨会（在公司内部开展的、为期两天的领导力发展系列会议，会议中有涉及针对当前问题的案例和练习，并有一些嘉宾参与）；
- F：应用未来研讨会（与E相同，但嘉宾来自更大范围里的潜在未来供应商和合作伙伴公司）。

这个例子突出了收益表现矩阵的四个好处。

第一个好处是这种方法简单而有力地协助个人想法实现优化。从团队想出的主意开始，通过言语交流逐渐调整，使它朝着风险更小（在矩阵中向下移动）、回报更多（在矩阵中向左移动）的方向发展。

第二个好处是它的适用性。它可以在整个公司的层面上（这里是为了满足三大外部目标）实现部署。然后，它可以在内部部门行动计划的层面上（"5C"框架）部署。最后，它可以用在职能层面（学习与发展团队的培训理念组合）。

第三个好处是使用文字而不是数字。在大多数公司，许多人更喜欢文字而不是数字，所以更多的人可以参与到收益表现矩阵中。同样地，小团队处于一个 3~4 人快速交流彼此见解的良性循环中，在孕育想法上通常会表现得更好。然而，改善想法通常需要 10~20 人的团队来完成，团队中每个人的专业知识可以消除某处的一个小风险并使得另外一处的回报实现小的改善。

第四个好处是适应力。每隔几年或几个月，特别是在快速发展的行业，你会发现矩阵中任何行动计划的确切位置都会发生变化。随着时间的推移，即使不如预期（即"保留"），曾经塑造世界的举措已经变得更加标准（即"适应"）。这是一个可以重新审视所有行动计划的绝佳机会，进而在矩阵中再次将它们向左移动。

这个例子说明了任何公司，比如联合利华，都可以立即或长久使用收益表现矩阵在公司层面和整个组织层面以及每个业务单位、部门、职能和团队层面上来开展规划和优化其行动计划。

实践中的收益表现矩阵

下面的说明针对一个典型的会议，通常情况下，会议中有

10～20个行动计划且参会者最多为20个人。为了得到一个好的收益表现矩阵，你只需要便利贴、马克笔和一面墙或者翻页式挂图。为了开展一场难忘而有意义的会议，你可以在 www.strategic.how/payoff 网站上查看我们的应用软件。

- 给行动计划贴便利贴（5分钟）

  收益表现矩阵会议的目标首先是对现有的行动计划进行分类，从而对最有价值的计划进行优先排序和改进。先做一个全面的行动计划列表（"起始计划"）。为每项活动取一个朗朗上口的名字（通常在1～4个字）。

- 标绘行动计划（10分钟）

  画一个3×3的网格。从上到下把这些行分别标记为"大赌注""期权""'落子无悔'"。提醒一下参与者，纵轴衡量任意给定计划的风险水平和性质。从左到右将列标记为"塑造""适应""保留"。提醒一下参与者，横轴衡量的是行动计划对环境的影响——你在一定时候可能得到的奖励。标绘出这些行动计划。

- 盘点和调整（5分钟）

  一旦所有的行动计划都标好了，你就会意识到其中的一些"在错的地方"——总是会有一些且通常是出现在第一批标绘的行动计划中。这些行动计划的收益表现似乎与网格邻近计划的表现不相适应。调整这些行动计划的位置，从而更好地与群组共识相匹配。

- 优化你的行动计划组合（时间不定）

  为你的所有行动计划执行以下四个决定，直至大幅改善你的组合的风险与回报比：

  · 将所有"落子无悔"的行动委派给他人。

  · 毁除所有的"保留大赌注"。

  · 讨论所有的"塑造大赌注"。

  · 将所有其他行动计划拖至"塑造期权"方框附近（图5-8）。

	塑造	适应	保留
大赌注	▭ ▭	▭ ▭	▭
期权	▭	▭	
"落子无悔"	▭		▭

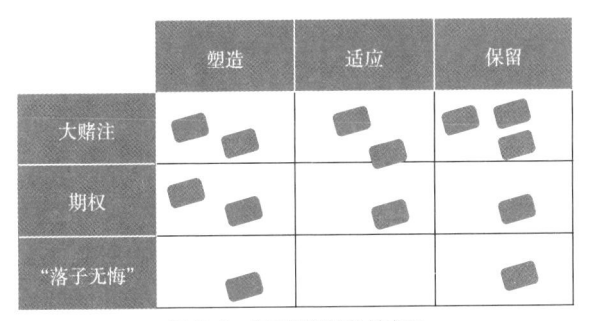

图5-8 行动计划的收益表现

以下是关于如何在实践中使用收益表现矩阵的四个额外提示。

- 提示1：在网格中标绘行动计划时，在每个计划上花费的时间不要超过30秒。选择第一个计划，让每个参与者通过举手举至高的、中等的或低的位置来分别对应地给"大赌注""期权""'落子无悔'"投票（有种"石头剪刀布"的感觉）。用相同的方法让他们针对水平轴进行投票并将手臂指向左边、中间或右边来分别对应选择"塑造""适应""保留"。大多数投票会产生明确的共识,这节省了时间。稍微多花点时间讨论一下没有立即达成口头共识的相关行动计划如何安排。

- 提示 2:在收益表现矩阵的讨论会之前,不要过多地解释"保留大赌注"框的含义。一旦参与者知道这个角落有多糟糕,他们通常会避免在那里放太多的计划,而你可能会失去从这一角往外优化计划过程中的价值(到"适应"栏、"期权"栏,或两者都拖拽)。最好是承认错误的开始位置并对其进行优化,而不是在一开始就规避问题。
- 提示 3:使用多种颜色的便利贴以展现行动计划收益的变化。为"起始计划"选用一种颜色,并用另一种颜色表示需要粘贴至其他位置的改进计划。把第三种颜色用在其他任意的改进计划上可能也会有所帮助。
- 提示 4:使用 www.strategic.how/payoff 上的应用程序。与在墙上粘便利贴相比,你可以掌握更多的行动计划。当所考虑的行动计划超过 15 个时,第一种方法往往会令计划变得非常混乱,而使用应用程序这一方法没有这样的限制。此外,你可以更容易地获取一个行动计划以改进过程中演变出的所有版本,从而展示出将计划从"保留大赌注"方框移至"塑造期权"框内的下滑路径。

收益表现练习：如何改变脸书

收益表现矩阵是我们在"向下"旅程中看到的三种技术中的第一种，用于帮助验证在战略思维"向上"讨论中产生的想法。

有了收益表现矩阵，你的每个最初想法都有机会从毛毛虫（比如"保留大赌注"）成长为最美丽的蝴蝶（比如"塑造期权"，甚至是"塑造'落子无悔'"）。然后你决定哪种风险和回报的组合适合你的整个组合。

这种方法几乎是对马克·扎克伯格的脸书的"快速行动，打破常规"秘诀的完美补充。

这里我们可以说"先思考再聪明地行动"。忽视你的初始想法几乎总是会导致次优的结果。

假设马克·扎克伯格和脸书今天要求你为这家公司做一个收益表现矩阵练习。你们有些人可能还记得，2018年7月26日，脸书的市值缩水了约1 200亿美元。许多因素共同造成了这一非比寻常的打击，包括使用率下降、欧洲《通用数据保护条例》（GDPR）和广告拦截软件的普及。但最重要的因素是该公司宣布，今后将招募数千人担任内容管理员，来监督网站和用户的新闻推送。

后者是"保留大赌注"的一个典型例子。这是一个"大赌注"，它成本高昂，风险也非常高（从长远来看，很有可能行不通），因此这是一个"保留"类型的行动，因为即使是在最好的情况下，脸书也只是重新成为一个社交网络，仍然面临着使用、广告和隐私问题。

另外,脸书每个月都宣布一些保持增长的新举措,包括与照片墙和瓦次普的合作。

以下有两个练习可以锻炼你更好地使用收益表现矩阵,你可以在 www.strategic.how/payoff 上分享你的解决方案。

- 收益表现练习 1

  基于脸书的"在新闻推送方面招募 3 000 名人力管理员"这一行动计划,绘制其从"保留大赌注"开始的下滑路径(图 5-9)。

- 收益表现练习 2

  基于你最近听说的脸书所有有新闻价值的计划,标绘出你所估计的它们在矩阵中的起始位置(图 5-10)。

	塑造	适应	保留
大赌注			招聘3 000名人力管理员从事新闻推送工作
期权			
"落子无悔"			

图 5-9 脸书人力管理者行动计划的下滑路径

第五章 收益表现

	塑造	适应	保留
大赌注			
期权			
"落子无悔"			

图 5-10　脸书最新行动计划的起始位置

第六章
场景分析

五个关键数据点

如上一章所述,在收益表现矩阵上花一个小时是启动战略思维过山车的"向下"部分的好方法。你可以从"向上"阶段中产生的 10 ~ 20 个想法开始,然后将你的组合优化为"落子无悔"的行动计划、期权和大赌注。通常情况下,其中的一些想法会脱颖而出,然后它们将需要你进一步评估和验证。场景分析是人们搜集和使用数据来帮助区分这些现有选项的过程。

验证一个选项是否有效需要多少数据?两种派别下的思想和实践在此产生了冲突:

- "大数据"学派表示:获取尽可能多的数据。
- "精准数据"学派反驳说:尽快获取所需的有限精准数据。

我很明确地站在后者的立场上。我总是宁愿快速获得有限的数据，也不愿拥有一个全面的数据集，因为太迟了。

太多人采集了庞大的数据，然后拙劣地审核数据。而秘诀在于，一旦你确定了想研究的问题，就采集一些有针对性的数据。一个好的战略思考者应该总是有点懒惰（例如，只在有严格必要的情况下操控数据）。首先要不断地思考，直到你确切地知道你想要操控什么数据，以及你期望得到什么结果。满意来自能够给你期望结果的分析，而学习来自没给你带来期望结果的分析！满意或学习都是同样有价值的结果，结果分析越快越好。

多年来，关于场景分析的真理一直留存于我的脑海中：在任何战略问题上，只有五个关键数据点。

我曾从一位年迈而睿智的战略咨询合伙人口中听到这句话并产生了共鸣。那时我已经从事战略咨询行业近10年并注意到了这种模式。我也开始感觉到更多的东西，对此，他使我明确了下述的想法：

"对于任意一个项目，最重要的是迅速确定这五个数据点是什么。然后，你会发现你已经有了两个数据点；它们一直在你身边，只是你不知道它们很重要。另外两个数据点，你可以通过额外的研究进行搜集（在线调查、面对面访谈、建模等）。最后一个数据点将是难以捉摸的。"

"战略是关于未来的，无论你多么努力地想打破迷雾，至少未来的一个方面仍然是一个谜。这其中的一个重要启示是，你永远不可能仅仅通过数据来说服任何人接受一个新的战略想法，因为你总是会缺少一个完美的解决方案，或者至少缺少一个你所推荐的解决方案的完美证明。一旦你认可你距离令人信服的答案总是会差一个数据点，那么你充满考验的生活就会变得简单起来。一切只是速度的问题。"

记住，要在项目的早期快速地移至一个清晰的点，并分享一些初始的选项，给你的股东一些时间让他们把这些东西琢磨清楚。当你在项目末期再来展示你推荐的解决方案时，他们就有时间解决他们对各种想法和选择的焦虑了。你提供的数据不需要全面得如你考虑的那样，因为你的股东会提出自己的想法。

对于如今的大多数项目，你起初所用的数据集足以开始回答你的问题。你不需要按照潜艇式分析研究来缓慢推进，并搜集一个又一个数据集。首先，因为你可能有足够多的数据去展开分析。其次，因为到最后你可能总是会缺少一两个关键数据点。它是需求导向对阵供给导向这一逻辑中的特征。你手头的东西越多，反而越会发现你并没有想要的东西。

让我们转向娱乐领域（音乐、电影、书籍等）来说明需求导向与供给导向不同的内在动态。

需求导向型娱乐是指你在收到想要的娱乐内容（一首歌、一本书、一部电影等）之前浏览它的非实物代替品。一些30岁以上的读者记得，供给导向型娱乐意味着你需要积累大量的实物库存〔书籍、DVD（高密度数字视频光盘）、CD（小型镭射盘）、黑胶唱片等］，然后再在某一天选择消费它们。你的选择受限于你迄今为止已经积累的内容；而有了需求导向型娱乐后，你在合适的平台上的选择是无穷多的。在 2010 年之后的若干年内，整个娱乐领域几乎从以供给端为导向完全转为以需求端为导向。

与此同时，数据世界已经从"供给导向"转变为了"需求导向"。不要想着首先尽可能地搜集所有数据，因为通常你会缺少所需要的完美数据，并且你的思维会被你迄今为止积累的数据影响。建议你最好专注于你确定需要的五个关键数据点，找出你已经拥有的，然后继续寻找缺失的。

在本章中，我们将看到可视化工具和一些场景分析的例子。为了便于读者理解，我们特意选择了大多数消费者熟悉的行业（如服装零售、保险、玩具等）。

场景分析的四个关键可视化工具

通过场景分析的四个象限来确定这五个关键数据点的来源是一个有用的方法。新商业理念的验证中总有需求面和供给面，你可以从宏观和微观两个层面来看待它们。

从宏观上研究需求面通常被称为市场分析，其中涉及的问题包括规模、增长、市场动态变化、细分市场等。微观层面上对需求面的研究是消费者分析，它更注重关键的购买条件、满意度、忠诚度等（图 6-1）。

	需求	供给
宏观	市场分析	行业分析
微观	消费者分析	公司分析

图 6-1 场景分析的四个象限

在宏观上分析供给面被称为行业分析，它涉及竞争对手的盈利水平、行业集中度、规模经济等。最后，公司分析注重的是你自身的业务，特别是成本结构、利润水平、组织结构等。

每个象限的场景分析都伴随着数十个强大的工具和技术，仅凭此可能就值得出版一本书！然而，为了使这一章易于处理，我在每个象限中都选择了一个关键的可视化工具：

- 市场细分矩阵是了解市场分析核心的最通用和最全面的工具。
- GPS（增长、盈利与规模）图表在一张图表中总结了海量的行业动态。
- 转化瀑布有助于使消费者分析的本质可视化，即我们在哪一点上满足客户，我们在哪一点上失去客户。
- 线性盈利水平在洞察公司产品或业务部门之间可能出现的资源错配上是永远不会出错的。

市场细分矩阵可能是最强大的场景分析工具。它既是一种显示市场分析信息的方式，也是一种在一个图表中显示任意数据集的三个层次的方式。让我们来看一看，有些人从来没有见过这样形状的图表，而有些人熟悉它。当你向观众展示市场细分矩阵时，你应该始终引导他们的眼睛注视图表，这样他们才能在你告诉他们它所显示的内容之前了解它是什么。顺便说一句，市场细分矩阵这个名字来自芬兰的一家设计公司马里梅科，任何有很多不同颜色的市场细分矩阵看起来都像他们的一个非常著名的设计。

图6-2是法国保险市场的场景。矩形的总大小就是市场的总大小。然后我们看到数据集的三个层次。第一个层次是水平的。我们把这个特定的矩形切成五部分，每部分的宽度与该部分的大小成正比。例如，从左到右，财产保险约占整个法国保险市场的40%，机动车保险占30%，意外和健康保险占10%，等等。

数据的第二个层次是垂直的。在财产保险市场分类中，我们可以看到有两个细分市场，其中商业财产险占比为35%，个人财产险占比为65%。同样的逻辑也适用于机动车保险，我们看到第一个细分市场——车队保险占该细分市场的15%；机动车商业险占该细分市场的15%，以此类推。其他部分也是如此。

数据的第三个层次是用颜色来分类时出现的。我们在这里用灰色标出了保险市场中与个人保险有关的所有细分市场。

图 6-2 市场细分矩阵

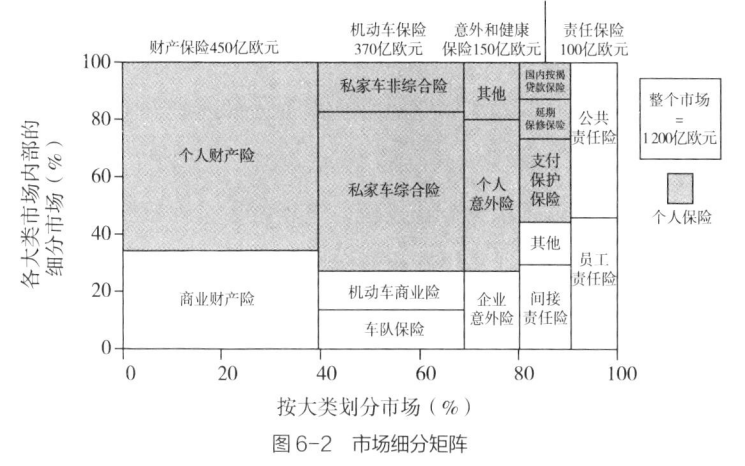

我们已经花了大约 20 秒来介绍这张图表。一旦你的眼睛能适应了，你就会发现市场细分矩阵提供了非常全面的信息，无论是法国保险市场场景还是任何其他情景。

人们使用市场细分矩阵做各种各样的事情。你可以在其中展示任何系列数据，只要该系列数据中的数据不改变符号即可，要么所有数字都为正数（销售额、产品数量、员工人数等），要么都为负数（成本等）。唯一不能放入市场细分矩阵的是那些数字符号会变化的系列数据（利润等）。如果你使用市场细分矩阵处理不同业务部门的利润数据，其中一些可能会是负的，因此你可能无法很好地展示这一点。

在市场分析之外使用市场细分矩阵的一个经典例子是员工人数。整个矩形将是你的劳动力规模，然后你可以将其按部门划分，或按部门内的级别划分，或许你还可以使用颜色来标识增长。在另一个例子中，你可以用市场细分矩阵来表示一家公司的总成本，以一种你从未见过的方式显示公司的成本结构。整个矩形是总成本基数，然后以垂直拆分和水平拆分这两种不同的方式划分总成本。

简言之，市场细分矩阵是在一个场景下呈现数据集三个层次的简易方式，且通常用在市场分析的场景下。它也有较好的适用性，足以在许多不同的场景中使用。市场细分矩阵在视觉上很丰富，乍一看还有点儿复杂。市场细分矩阵要引导新观众的目光，这样他们很快就会从新的看法中获益。

在验证一个新的商业想法时，一定要列出你能想到的3~4个最有用的市场细分矩阵，以帮助你评估和想象你的想法所面临的挑战。

GPS 图表

增长、盈利和规模是企业成功的"金三角"。如果你有增长，而且盈利丰厚、规模庞大，那么生活真的很美好。如果你是一家小企业，没有盈利，也没有增长，那么生活就很艰难。

在观察竞争对手时，你要做的一件事就是寻找灵感。试着看看在不同的竞争对手中你可以向哪位学习。GPS 图表通过实际数据帮助你正确看待不同的竞争对手，从而帮助你超越在任意行业中流传的逸事和神话。

对于你能找到的所有竞争对手，在横轴上画出他们的增长，在纵轴上画出他们的盈利水平。第三个轴，通过绘制出大小不同的气泡来表示他们的规模（即销售额）。为了使图表更具视觉冲击力，我们将这条轴线设置为行业平均值。将横轴向上移动，直至在行业平均盈利水平处与纵轴相交。同样，将纵轴向右移动，移至在行业平均增长水平处与横轴相交。

然后你画出你所在行业的竞争对手，你会看到一些东西。第一，你会发现最大的竞争者之一正好在中间，这并不少见。它们的绝对规模既影响行业的平均盈利水平，也影响行业的平均增长水平，因此，不出所料，该行业的主导企业往往会处于图表的中间。第二，在任意一个 GPS 图表中，各个象限所指向的竞争对手动态都非常不同。

让我们来看看美国的医疗临时安置行业，即为医院提供临时医生、护士等服务的公司。X 公司在该行业中是一家规模较小的公司，已经设法搜集了 11 家竞争对手的数据。它在想，应该效仿这些竞争对手中的哪一家，或者说应该从谁那里获取灵感（图 6–3）。

左下象限囊括了正在衰落的公司，这些公司的盈利水平、增长水平都低于行业平均水平。它们的规模有多大并不重要，因为它们的增长率低于行业平均水平，盈利水平也较差，它们正在慢慢衰落。左上象限是工作方式，公司的增长速度不如整个行业，但利润非常丰厚。如果它们真的想追求增长，它们可能会牺牲自己的高盈利水平，但它们不愿这样做，这就是工作方式这一名字的由来。

盈利水平
（%）

赢家公司

工作方式

C

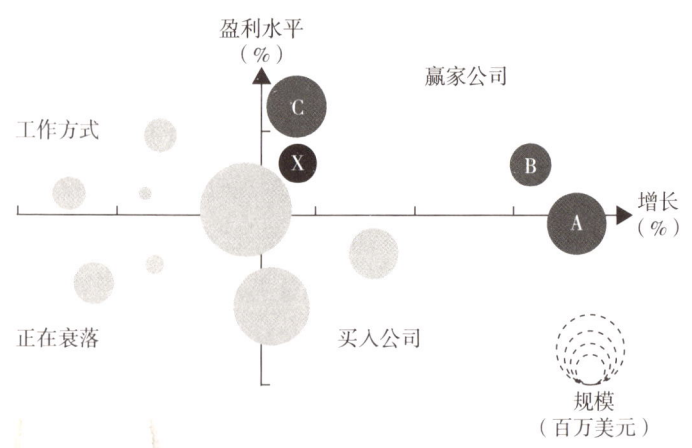

X

B

增长
（%）

A

正在衰落

买入公司

规模
（百万美元）

3　美国医疗临时安置行业公司 GPS 图（2017 年）

买入公司。它们的增长速度比行业平均水平快……平较低。这通常显露出这样一个事实，它们使……其他机制来换取增长。右上象限是赢家的所在……现了高于平均水平的盈利，又实现了高于平……没有在任何一个方面做出妥协。

……的赢家之一，显然这个行业还有其他类似……C。C 公司非常有吸引力，因为它比 X……因此，如果 X 对某种工作方式感兴趣，……到这一点的，并调整它的一些战略。

……研究竞争对手公司 B。竞争对手 A……平较低。

……与自身相同，但增长速度比 X……对手 B 的行动，X 可能会得到一些相关的经验教训。

总而言之，GPS 图表绘制出了一张商业成功的三位一体的效果图，其中囊括了行业中你认为的所有竞争对手。把行业平均水平放在图表的中间，那么你就有四个象限来更好地了解这个行业，并发现哪些赢家是最能激发灵感的。

构建 GPS 图表可能相当麻烦，特别是在许多竞争对手（私企、大型组织等）的盈利数据可能不容易获得的情况下。但是，这是值得做的，这避免了过度关注竞争对手的无关琐事。如果说市场细分矩阵提供了商业战场（也就是市场）的地图，那么 GPS 图表则提供了战场上各种敌人战略的简易总结。最好确保使你获取灵感的竞争对手在商业上的成功是真实的，而不是被那些恰好有很多逸事的人分心（因为相关公司的前员工已经加入了你们，比如成功的公关人员等）。

在验证一个新的商业想法时，多问问自己，这是不是你所在行业的领头者会做的事情，并评估它对盈利水平和增长速度的影响。

转化瀑布

转化瀑布是消费者分析的极好工具，可以帮助你了解可能在什么地方失去客户以及如何处理。它假定消费者从一开始就一直在向购买或使用产品或服务转变（无论该过程是缓慢地还是迅速地发生），并且其中有些人没有确定的方向。想一想消费者通常会经历的若干步骤，记录下使得最初步骤中的价格水平降低到最终步骤中要低得多的水平的不同方式,找出失去客户的地方并给出补救措施,或者基于转化率的下降来评估你的新想法。

我们的示例来自日本服装零售商优衣库。我们假设它正面临着一项决策,即改变其在马来西亚和菲律宾的营销方式。这两国曾在优衣库商店(线上和实体店)购物过的人口在总人口中所占的比例均约为12%,低得令人失望。它们该怎么办呢?事实证明,优衣库正在考虑的两个想法是:一个大型广告宣传活动和一个"买3送2"的店内促销活动。这两个想法听起来都很有趣和合理,不过需要用数字来检验(图6-4)。同样的问题可能困扰着法国和西班牙的玛莎百货,或者加拿大和墨西哥的盖璞,等等。无论在什么地方,在任意一家服装零售商的两个相邻市场消费者有不同看法时,它都会遇到此类问题。

我们可以从在横轴上创建六个台阶开始,它们依次回答了以下问题:

- 意识:人们知道我们的品牌吗?
- 认识:他们知道我们是做什么的吗?
- 喜欢:我们是他们喜欢的供应商之一吗?
- 偏好:他们更喜欢我们吗?
- 参观:他们经常光顾吗?
- 购买:他们购买吗?

图6-4 优衣库转化瀑布步骤

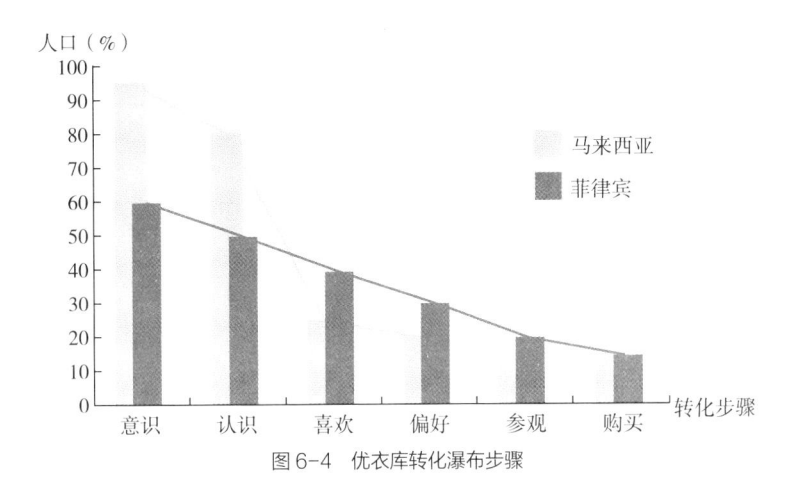

观察符合不同标准的有关人口比例,可以清楚地看到截然不同的两种情况。在马来西亚,人们在"意识"和"认识"这两项上表现很好,然而在"喜欢"上的人口比例陡然下滑。但那些喜欢优衣库的人真的能很好地转化为购买群体。相比之下,在菲律宾,人们对其的知晓率一开始就不高,后来一直下降到与马来西亚一样的购买人口比例水平。基于原始研究(在线调查、面对面采访、焦点小组等)中获得的实际数据绘制出转化瀑布,对诊断这些问题有所帮助,并得出非常不同的解决方案,包括从不同角度评估当前正在考虑的两个想法。

在菲律宾,优衣库可能会决定继续进行广告宣传,以提高知名度。由此产生的更高知名度将有望顺着认识、喜欢、偏好等方面渗透到更高的销售额中,在此过程中不会产生过多的"漏损"。此外,"买3送2"的店内促销应该有助于将喜欢转化为偏好，将偏好转化为参观，进而将参观转化为购买。

然而，在马来西亚，上述两种想法都让人感觉不合适。人们的意识和认识水平已经很高，所以广告可能是多余的。同样，少数喜欢优衣库的人已经很好地转化为购买群体，因此为他们提供"买3送2"的店内促销活动很可能会在不增加收入的情况下牺牲很大的利润。鉴于这些数据，该公司需要重新考虑其最初的想法。这是一个经典的例子，阐明了暂时让人们远离"定论"而从"清晰"到"确定"的下潜过程。你认为你的想法就是解决方案，随后数据却表示你需要三思。然而，这并不是什么大问题，因为构建转化瀑布所搜集的数据将有助于产生新的想法，而且这些想法在瀑布流测试中会表现得更好，因为它们的设计本来就是为了做到这一点。

总而言之，转化瀑布是诊断转换过程中失去客户问题的好方法，它可以使你更好地了解原因，并引发你去思考如何改善财富。"在哪里"引出"为什么"，继而引出"是什么"。

验证新的商业想法时，请构建转化瀑布图去发掘该想法如何帮助你解决业务面临的某些现有"漏损"，或者该想法根本无法带来帮助。

线性盈利水平

很多针对公司的分析集中于发掘公司在实践中真正赚钱的地方。线性盈利水平分析是一种很好的分析方式，可以在非常细微的层面上（产品、客户等）了解企业的实际盈利水平，即使无法立即获取相关信息时也是如此。

我们将把它统称为 XLP，其中 X（例如产品、客户、供应商等）代表你想要的任何东西，LP 代表线性盈利水平，因此你就有了 PLP（产品线性盈利水平）、CLP（客户线性盈利水平）、SLP（供应商线性盈利水平）等。XLP 指的是计算出你公司基于 X 的盈利水平，并由此做出更好的决策。许多公司仍然根据毛利率来管理其资源分配和决策，而你希望在更微妙的层面上做到这一点。

图 6-5 是我 2013 年为玩具反斗城连锁店做的一个有关产品线性盈利水平的主要图表结果。我们设想一下，这是三种不同产品（芭比娃娃玩偶、大毛绒熊猫和电池）的真实数字，它们的销售额及增长率大致相同。

图 6-5 清楚地显示，芭比娃娃玩偶和大毛绒熊猫实现了更高的毛利率（GM）。如果这是唯一可获得的盈利信息，你的结论很可能是尝试销售更多的芭比娃娃玩偶和大毛绒熊猫。然而，正如我们已经看到的，明智决策的关键在于，在毛利率水平下处于更细微层面中的毛利率 1（GM1，扣除租金后的毛利率）和毛利率 2（GM2，扣除租金和呼叫中心耗费后的毛利率）。在玩具反斗城这样的零售环境中，这些新的利润情况可能无法立即获得而不得不算出来。我们该怎么做呢？查看当前的剩余固定成本，并找到一种方法，将其巧妙地分配到每种产品上。

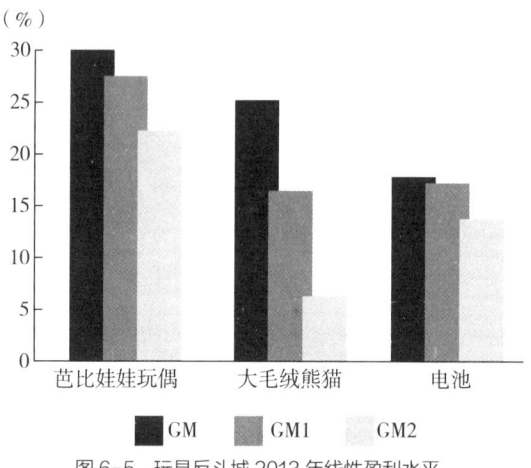

图 6-5 玩具反斗城 2013 年线性盈利水平

最大的未分配固定成本通常是门店成本，无论是租金还是折旧。这些巨大的成本之所以存在，是因为我们把所有这些玩具都放在了门店里，所以，你检查一下每件产品耗费的租金多少是理所应当的。租金的驱动因素是占地面积，所以我们会根据每种产品在店内地面上所占的面积，让每种产品分担一部分房租。在你测量每个产品占据的空间之后，你会发现在图 6-5 中看起来像 GM1 的东西。

电池占用的物理空间很小，缴纳的租金也很低。因此，GM 和 GM1 之间的差异对其来说微乎其微。芭比娃娃玩偶占据了更多的空间，所以成比例地支付了更多的租金。大毛绒熊猫要支付更多的租金，因为它们占据了更多的空间。因此，它们的 GM1 远远低于其他类别产品。

随后你会在任何 XLP 分析中关注第二大类固定成本，以继续发现实际成本消耗。在我们的示例中，我们假设这是呼叫中心。任何呼叫中心都旨在处理所有的客户请求或所有的产品投诉，这是固定成本。但可以说，有5个、10个或20个人待命的原因在于一个已处理的客户请求或投诉的数量的函数是所销售产品的函数。我们只需要找出是哪些产品引发了这些客户呼叫，然后将相关金额计入每种产品。我们向呼叫中心的人询问了每一类产品所占的时间比例是多少。

我们发现，芭比娃娃玩偶和电池只占据了部分请求，但大毛绒熊猫在顾客提问中占主导（"我该怎么洗？""我的孩子吃了一些玩偶的毛发"等等）。因此，我们根据每种产品所耗费的呼叫中心互动次数和时长让每种产品按比例分担呼叫中心的成本。查看图6-5中GM2的结果后，很明显，大毛绒熊猫的利润比乍看上去要低得多。确实，它们有不错的毛利率，但它们无形中使公司负担了更多的其他成本（房租、呼叫中心等）。如果不能完全替代的话（更多的电池、更小型的毛绒玩具等），为大毛绒熊猫寻找其他策略（占用更少的展示空间、推出更小的版本、添加洗涤说明等）是值得的。

总之，XLP是一个过程。选取一些产品（客户或供应商等），查看它们的毛利率，找出后续未分配的一系列成本，并根据每种产品对这些成本的实际耗费按比例分配给对应产品。你必须决定一个分配准则（租金按平方米计算，呼叫中心按分钟计算，等等），而且你可能需要多尝试几次才能成功。其结果将帮助你做出更好、更巧妙的商业决策。

在验证新的业务想法时，始终要从多个线性盈利水平角度（即多个 XLP）来考虑。你可能不想对每个想法都进行全面分析，但计算出"隐性消耗"能让你更好地体会到可能产生的真实影响。

小结

我们已经看到四个可视化工具，它们可以帮助你区分在任意过山车式战略思维练习的"上升"阶段中产生的各种选项。有些对数据的需求量大（GPS、XLP），有些则少些（市场细分矩阵、转化瀑布）。如果时间和预算允许，用真实的数字覆盖它们是值得的。如果做不到这一点，那么只需认真思考一下，这些工具就会给你带来新的启示，并帮助你以不同的方式评价你最初的想法。

场景分析案例

现在让我们来看一个很长的示例，其中所需的关键数据非常具体，与我们目前为止看到的四种工具不同。想象一下，一家在英国各地都有门店的零售连锁店，正企图将门店员工成本削减 10%～15%。一个"向上"的努力已经识别出了 10～20 个想法来帮助实现这一目标。其中包括减薪、减少加班、解雇门店经理、将员工调整为零小时合同制、增设自助收银台、重新权衡门店安排、激励全职员工、培训兼职员工等。连锁店由

400家门店组成，平均每家门店有10名员工，每家门店指定一名经理。

让我们花些时间仔细看看其中的一个想法：解雇门店经理。验证这一想法是否可行的五个关键数据点是什么？

在我们详细讨论这一点之前，我建议你先找一张纸和一支铅笔，然后自己试一试。重新阅读前面两段并从一些有限的背景数据开始，花几分钟确定你想要解决的关键数据点，然后再继续。

第一个关键数据点是门店经理的雇用成本占门店员工总成本的百分比。如果管理者的总成本占员工总成本的比例不到10%，那么即使将他们全部解雇，所节省的开支也不令人垂涎。任何零售连锁店都会对这些信息了如指掌。在我们的案例中，财务部门在24小时内告知我们，门店经理的雇用成本确实占到了门店员工总成本的23.6%。

第二个关键数据点是地理上彼此足够接近的门店所占比例，以使一个门店经理能够覆盖两家门店。事实上，按照目前每家门店一名经理的做法，一旦我们解雇了某家门店的唯一一名经理，我们就会暗中将人员配备模式朝着两个逻辑方向中的一个去调整：每家门店根本没有经理，或者每两家门店有一名经理。

在第一种情况下，如果最初这个门店可以在没有经理的情况下生存，那么是不是所有的门店都能在没有经理的情况下生存呢？在这种情况下，没有经理的门店百分比将变为100%。

在另一种合理的情况下，一旦门店经理被解雇，那么距离最近的门店经理就会分散他的责任来兼顾新的没有经理的门店。如果这种方法适用于这对门店，那么它也可以适用于其他任何一对门店，理论上经理人数可以减少50%。实际上，有些门店离它们最近的门店太远，比如在苏格兰岛或威尔士山脉，因此最高比例将略低于50%。该行动计划成功的关键是到底低于50%多少？幸运的是，所有的零售连锁店都知道它们门店的确切位置，对于此种情形，物业部门告诉我们，360家门店（占400家门店总数的90%）与另一家门店的距离在30分钟车程内。

这意味着，该连锁店可以保留40家独立门店的所有经理，解雇45%的经理，并要求其余45%的经理每人负责两家门店。在这种情况下，节省的总成本将相当于门店员工总成本的10.62%（=23.6%×45%），这与维持这个想法所需的成本大致相同（即门店员工成本节省了10%以上）。当然，从理论上讲，解雇所有门店经理的方案将意味着节省23.6%的成本，但风险也会高得多，所以暂且把这个想法放一放。

第三个关键数据点是门店经理的观点。他们将是直接负责实施新方法的人。显然，他们对此的一些看法数据非常重要。搜集这些门店经理的意见可以从四个方面着手：我们与他们中的多少人交谈，我们具体选择与谁交谈，我们问他们多少个问题，以及确切的问题是什么。

两个学派的思想和实践在这里又发生了冲突。"大数据"

学派说：向尽可能多的人提问。相反，"精准数据"学派认为：在问的问题和问的人的数量上越少越好，但在速度上越快越好。我非常赞同后一种观点：快速地给出一些数据，而不是稍后给我一大堆数据。我想立即开展测验——如果需要的话，我们可以随时要求更多的数据。

对于此处的例子，我们有24小时用在管理团队上。我们认为，在验证过程的早期，10名门店经理的意见就足以推动这一天的到来。经理都很忙，有些人在24小时内不接电话，所以我们需要计划20次谈话。

我们该问他们什么呢？经典的"大数据"方法是"一切我们所能想到的"。我偏爱的"精准数据"方法建议进行一个多阶段的精练练习，直至最终只问一个问题，但使其尽可能紧要、关键。这个问题的第一个版本是："你愿意经营两家门店吗？"然而，这个版本在"我们想要的"和"我们将得到的"之间引入了一个畸形的"筛子"，即受访者对职业发展的野心。我们把这句话提炼成："你能经营两家门店吗？"虽然它引入了另一个"筛子"——自知之明，但这个版本去掉了职业"筛子"。一些受访者可能会回答，他们可以经营两家门店，但实际上他们做不到，而其他能够做到这一点的人可能会给予否定的回答。为了消除这种认知偏差，我们的第三个版本更加客观："经营两家门店需要做些什么？"这种措辞有效地去除了野心和自知之明的"筛子"。但这种措辞的一个小小的缺点可能是我们从受访者那里得到的答案的长度。为了在完全切中要害的同时保持简短的答案，我们的最终版本变成："什么原因会阻止你管理两家门店？"

将问题的初始版本最终塑造成尽可能最好的问题需要时间。在我们的示例中，想象一下连续四个版本下的答案表格会是什么样子。随后可以明显地发现花在构思一个更精准问题上的时间投入是值得的。汇总10位门店经理对我们最终版本问题的回答，将大大有助于高级管理团队相信这个想法的正确性。如果管理团队既能满足上述条件，又能超额完成预期的经济效益，那么这个想法还是值得进一步测试和验证的。

还有最后一个问题要解决：我们该问谁？显然，我们想要的是所持看法最能预测未来的门店经理。我们不需要从经理那里听到谁的门店是独立经营，也不需要听到谁会被裁员（很可能出现在门店经理绩效表的下半部分）。我们想听听最终被留下并被要求经营两家门店的45%的经理中部分人的意见。让我们把注意力集中在那些认为这项工作很困难的人身上——通常是略高于平均水平的人，而不是明星，让我们问问他们。

花几分钟在识别受访者的突出特征上给我们带来了双重好处：它让人力资源部更容易给我们提供一份要联系的20名门店经理的列表，也最终让管理团队更加信服调查结果。我们没有采访到的门店经理更可能发现这一想法易于实施。我们做了采访的样本，因此会是一种最坏的情况，却又比随机选择门店经理更有说服力，包括任何规模更大但重点更不明确的选择。

"精准数据"总是胜过"大数据"。

第四个关键数据点就是一些与竞争对手相关的逸事,这可能有助于迅速说服利益相关者相信我们想法的有效性。我们不需要一个成熟的基准,比如有几十个竞争对手。找一两家有足够关联度的公司,它们正按一些我们脑海中的新模式运营,这应该足以打消管理团队的疑虑。

你如何获得这些数据?对于"精准数据"人群来说,一个巨大的资源当然是谷歌。在搜索框中输入你想要的东西(本例中是"两家门店配一名经理"),然后祈祷搜索结果页面能给出你想要的东西。

第五个关键数据点是一名经理负责两家门店将在多大程度上影响客户满意度、员工职业道德等——从更大层面来讲,影响门店的业绩。如果这会导致几个月后市场表现恶化,这将是一个意想不到的但有一定可能性的后果,那么现在试图通过解雇45%的经理来节省成本是没有意义的。第五个关键数据点将非常有用,在连锁店尝试用行动来检验这个想法之前,它将一直难以捉摸。正如前面提到的,这是一个经典例子,它诠释了差一个数据点就能得到令人信服的完美解决方案。

综上所述,对验证解雇门店经理以降低门店员工成本10%~15%这一想法有帮助的五个关键数据点分别是:

- A:经理的实际雇用成本占员工总成本的百分比。
- B:与另一家门店足够接近的门店的百分比(比方说距离在

30 分钟车程内）。
- C：是否存在竞争对手已经在为两家门店配备一名经理。
- D：相关经理对该举措看法的样本。
- E：该举措对几个月后门店业绩的影响。

如果将这些数据点绘制在场景分析的四个象限上，可以看到我们已经覆盖了供给面，但需求面有些单薄（图 6-6）。

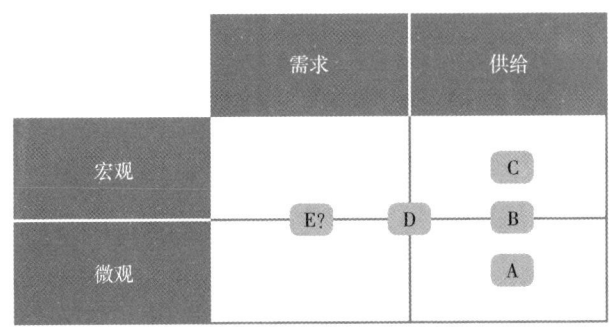

图 6-6　场景分析的示例

有两种方法可以弥补这一点：一是采访客户，二是在他们身上测试这个想法，看看他们对这个想法有什么要说的，或者他们会对此做些什么。正如许多商业实例一样，在此例中，行动胜于雄辩，然后我们将在下面的"精益创业"一章中看到，现在是小规模测试这一想法的时候了。

眼下，让我们来尝试处理一下新西兰星巴克的案例吧！

场景分析练习：如何解决新西兰的星巴克问题

场景分析的每一个实例自身都是独特的小世界。有时，数据在想法产生之前就已经存在，而有时想法已经存在，那么就需要验证。通常，占据上风的是这两种方法的结合体。

想象一下，你是西雅图星巴克总部的一名内部顾问，你被要求改善一下新西兰 10 家星巴克门店的业绩。这些门店都位于新西兰最大城市奥克兰的不同办公区。它们为当地工作者供应早餐及午餐。主要产品有咖啡、三明治、蛋糕、冷饮等（表 6-1 至表 6-3）。我们的例子可能同样适用于卡塔尔多哈的 10 家咖啡门店，或波兰华沙的 10 家咖啡门店。这一项目的关键问题很简单，我们如何才能提高现有 10 家门店的利润？

该团队提出了一系列可能的想法，其中包括：

- A. 取消蛋糕供应。
- B. 不仅仅在工作场所供应三明治。
- C. 每杯咖啡附带蛋糕折扣。
- D. 训练咖啡师更快地做出咖啡。
- E. 关闭 4 号及 9 号门店。

团队中的一名基层成员已编制了数据，包括对新西兰星巴克总经理的快速采访、每周的损益表、每周按产品划分的门店销售额，以及按产品划分的每周损耗。

- 场景分析练习1

  根据你对现有数据的分析,对于上面列出的五个想法(A、B、C、D、E),你的初始看法是什么(是、可能、否)?

- 场景分析练习2

  4号门店和9号门店的业绩不佳是因为它们卖了太多的三明治,还是不管怎样它们都很糟糕(请提供具体的分析来支持你的答案)?

帮助你回答这些问题的最佳分析工具,是两个市场细分矩阵(按门店划分的产品和按产品划分的门店)与两张线性盈利水平幻灯片(按产品划分和按门店划分)。

有关门店线性盈利水平的工作最好在产品线性盈利水平分析之后进行,两个XLP都应该将GM1作为扣除损耗后的毛利,并且将GM2作为扣除损耗和劳动后的毛利。

场景分析练习1和2:与总经理的访谈

他说:我认为我们所有的门店都达到了最大的潜在销售额,但我认为一些门店可能在成本上有所松懈。在劳动力成本方面,当门店工作效率高时,咖啡和三明治每磅销售额耗费的劳动应该是其他产品类别的两倍。我认为4号门店应该能在不影响销售的情况下承受每周500新西兰元的浪费,而9号门店每周能承受的浪费大约为300新西兰元。对于劳动力开支水平在销售额中所占的比例,我认为这两家门店能最多在这一比例高出其他门店 33% 的情况下运营。

表 6-1 周收入报表（新西兰元）

销售额		63 000	
销售成本		29 690	
咖啡	13 760		
三明治	9 150		
蛋糕	1 190		
冷饮	2 535		
其他	1 190		
浪费量		5 380	GM
门店成本		20 100	GM1
劳动力成本	12 000		
租金	3 100		GM2
税费	1 000		
热力和电力	1 000		
通话	500		
修理和翻新	500		
清洁用品	350		
打印和文具	250		
银行佣金	200		
保险	200		
杂费	1 000		
总部成本		4 000	
利润		3 830	

表6-2 周销售额（按产品分类）

新西兰元/周	咖啡	三明治	蛋糕	冷饮	其他	总计
门店1	5 700	3 700	1 200	1 200	200	12 000
门店2	6 500	2 000	500	500	500	10 000
门店3	5 500	1 500	600	300	100	8 000
门店4	1 500	3 500	500	400	100	6 000
门店5	3 000	2 000	400	300	300	6 000
门店6	2 700	1 500	500	150	150	5 000
门店7	3 800	600	100	400	100	5 000
门店8	3 300	1 000	300	300	100	5 000
门店9	500	2 000	300	150	50	3 000
门店10	1 900	500	300	200	100	3 000
总计	34 400	18 300	4 700	3 900	1 700	63 000

表6-3 周浪费量（按产品分类）

新西兰元/周	咖啡	三明治	蛋糕	冷饮	其他	总计
门店1	171	481	228	12	20	912
门店2	195	240	105	5	65	610
门店3	165	195	126	3	9	498
门店4	60	1 050	150	4	12	1 276
门店5	90	240	88	—	30	448
门店6	81	195	105	3	5	389
门店7	114	72	17	—	2	205
门店8	66	120	63	3	3	255
门店9	20	560	60	—	1	641
门店10	38	47	30	—	3	146
总计	1 000	3 200	1 000	30	150	5 380

第七章
精益创业

实践中的精益创业

到目前为止,我们已经看到了两种迅速排除选项的方法:使用文字(收益表现矩阵)和使用数字(场景分析)。第三种迅速排除选项的方法是采取行动,尤其是快速、廉价和信息充分的行动,你可以称之为试验、测试、雏形等。在帮你检查一项选择是否能奏效上,有时一个简单的行动胜过百个文字或千个数字。

在企业可以采取的所有举措中,信息技术项目多年来在成功率上是出了名的糟糕。即使不是彻底失败,其也往往兑现很晚且超出预算。20世纪90年代,加利福尼亚州的一个思想学派开始试图挽救这糟糕的成功率,随后它引发了"精益方法"的诞生,也被称为"敏捷方法"。

精益方法或敏捷方法假定一个组织是一个多项测试的组

合，而客户决定了其未来。因此，对于任何一家新公司或一个风险项目来说，最好的策略是通过客户与正被开发的新事物之间的频繁互动来发掘通往成功的最佳途径。

精益学派的杰出思想家是史蒂夫·布兰克和埃里克·莱斯。我推荐埃里克·莱斯的书《精益创业》和史蒂夫·布兰克在《哈佛商业评论》上的文章《为什么精益创业改变了一切》。

根据两人的说法，长期成功的首要保证是尽早和迅速地试验。成功属于这样一批公司，它们在迅速验证自己的想法及纠正相应行动上表现最好且行动最快。你可能听说过这句口头禅："快速失败，经常失败，提前失败。"简单来说是指，尽快用行动来检验，尽可能多地测试想法，并从失败的测试中吸取经验。

大多数企业在用行动来检验想法时都显得犹豫，主要有两个原因：首先，它们在检验一个想法之前等待了很久，因此不能过早失败；其次，它们不会设计太小的试验，因此不能经常失败。

为了避开这些问题，埃里克·莱斯和精益学派建议我们改变检验商业想法的方式。他们建议我们以简短的、逐步的和迭代的产品开发循环方式工作，而不是以脱离预定工作计划的线性方式工作。用更灵活的"测验、学习、推出"来取代旧的"计划、决定、推广"，并在测试和学习之间多次循环，即处在一个反馈循环中。

精益创业反馈循环是从一个想法开始的。对于每个想法，你都可以快速构建一个关于你的产品的简单版本，估测客户行动，并从生成的数据中吸取经验以帮助你改进想法。随后，基于反馈循环不断地运转（图 7-1）。

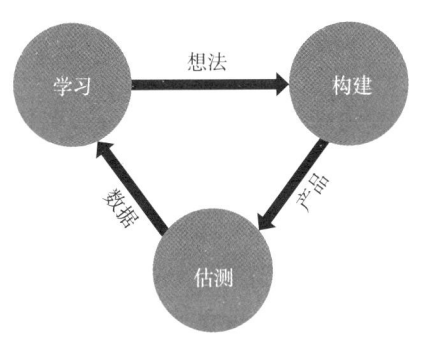

图 7-1 精益创业反馈循环

精益创业反馈循环（或构建—估测—学习循环）强调速度作为验证选项的一个关键因素。团队或公司的效率取决于其在反馈循环中快速多次循环的能力。

一个具体想法的可行性取决于它能否经受得住若干个这样的循环。在设置循环时，有 5 个关键方面需要考虑。

最小化可行性产品（MVP）

一个最小化可行性产品是新产品的一个版本，它允许团队以最少的努力获得最多的关于客户的有效知识。最小化可行性产品的目标是检验任何新想法中包含的基本假设，然后尽快开始学习过程。

例如，开设一家新餐厅至少包含 4 个假设：足够多的顾客会喜欢的食物，厨师能定时提供同等质量的食物，有足够多的顾客来到餐厅的选定地址，并且开餐厅是有利可图的。这4个假设（吸引力、生产力、区位、经济效益）最好用不同的最小化可行性产品逐个进行检验，而不是全部一次集中检验。

第一个最小化可行性产品可能就像在家里给几个朋友做饭一样简单，以测试预想食物的吸引力。一旦成功，第二个最小化可行性产品可能会以美食车的形式呈现。这将有助于进一步测试吸引力，并验证把控出品质量的能力。第三个是以固定摊位形式呈现的最小化可行性产品，它将更深入地考验吸引力和生产力，以及地点和经济效益。

可执行标准

可执行标准是指能带来明智的商业决策及后续行动的标准。相比之下，"脸面"属于不能准确反映企业关键驱动力的那类标准。

例如，页面浏览量是《卫报》的可执行标准（商业模式仍然依赖广告），而"脸面"是彭博社的可执行标准（其商业模式完全依赖订阅）。无论何时运行精益创业测验，都必须事先确定你企图优化的标准，以及成功可能会是什么样子的。

A/B 拆分测试

这是一个试验。在这个试验中，关于一个产品、一项服务或体验的不同版本会同时提供给两个不同的用户群体。目标是观察两组用户行为上的变化,并测算出每个版本对可执行标准的影响。

例如,许多视频流媒体公司(奈飞、亚马逊 Prime Video、迪士尼＋等)正在通过 A/B 拆分测试永久性地改进向用户展示内容的方式,即不同的用户会面临不同的内容管理方案。可执行的标准可能是观众大拇指点击新节目的次数,也可能是观众对每个节目随后进行观看的集数。一系列的 A/B 拆分测试有助于揭示最能改善可操作标准的内容管理方案。

请注意,在精益模式下,关于采取哪种内容管理方案的决定可能会在资深编辑和策划人之间的激烈辩论中产生,他们会基于个人经验、个人品位和政治影响力而提出自己的诉求。但这并不是得到最优解决方案的最佳保证。

持续部署

在此过程中,任何与业务相关的事物都会被立即安排到生产中。对于数字商业,它可以在一天内部署方案 50 次。

在上面的示例中,流媒体和视频点播网站部署新的解决方案的频率通常是日更。实体店更新速度通常会慢些,但许多零售商仍然以周或月为基础进行更新,在他们的店内推广测试成功的新做法。

围着中心转

结构式路线纠正旨在测试一个新的关于产品、战略和增长动力的基本假设。任何试验通常都会同时检验几个假设，而一项失败的试验可能仅由一个失败的假设所致。如果其他假设通过验证了，那么这些假设自身就可以提供价值。

例如，拼团公司最初是一家社交行动主义平台。它试着检验了两个假设：（1）它可以随时召集现实世界中拥有共同事业的大量群体；（2）以这种方式聚集的个人可以迅速使他们的选择产生社会影响。当第2种假设被证明是错误的，但第1种假设通过测试时，拼团公司仍然有一些有价值的东西，它们把我们引向了今天所知的团体折扣网站。

小结

为了快速测试任何新想法的有效性，公司需要创造一个最小化可行性产品，识别可实施的行动标准，在真实用户身上评估结果，并从试验中吸取经验。换句话说，精益创业下用行动检验想法是一个学习循环。它将这个想法转化为产品，估测消费者对这些产品的反应和行为，然后决定是坚持这个想法还是绕轴转动，并且这个过程有必要重复多次。

精益测试

精益方法或敏捷方法是非常强大的，它能迅速检验想法。精益创业适用性（图7-2）就是关于它最出名的代表，它最初帮助小型数字企业在定义模糊的领域找到自己的位置。随着时间的推移，精益创业中蕴含的原理已经传播到商业领域中的各个角落。

大型数字公司（谷歌、亚马逊、脸书等）早已接受了精益方法。所有这些公司都一直在尝试新的服务方式，而且通常是在海外。如果这项新服务奏效，它就会在整个公司内"推出"。"推出"对于精益方法而言就如"大推广"对于线性工作规划一样。精益实践者也可以被称为"敏捷实践者"。"测验、学习、推出"比"计划、决定、推广"要灵活得多。

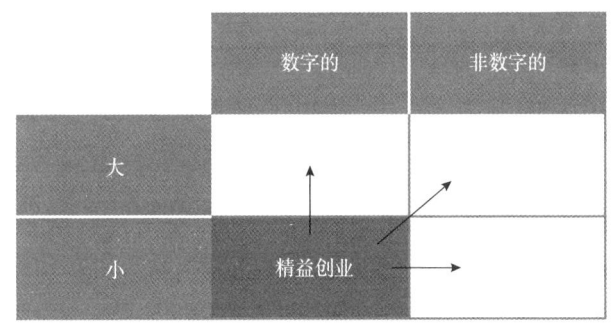

图 7-2 精益创业适用性

小型非数字公司也加入了精益创业的行列。例如，我们已经看到，头脑正常的人再也不会白手起家开餐厅了。每一位有抱负的餐馆老板在投入真正的资金进行冒险之前，都会经历三个或四个最小化可行性产品的估测和反馈循环。经典的连续若干个最小化可行性产品可能是先为朋友做饭，提供餐饮，然后租一辆美食车，协商摆个摊位，最后开一家成熟的餐厅。只有在之前的测试结果表现积极的情况下，才会开始进行最小化可行性产品。

最后，许多大型非数字化公司也已转向精益模式，无论它们是否称之为敏捷、冲刺、冲锋、精益等。这么多称呼都有一个共同的原则：在事先没有一些重要的客户检验元素情况下，任何东西都不能大规模地推出。这意味着在真正的客户身上使用以验证你的新想法背后的关键假设。通用电气公司与埃里克·莱斯有一家合资企业，通用电气的任何大项目都会从那家企业得到详细的审查，并走上一条通向成功的精益道路，其中包括最小化可行性产品、试验以及一个反馈循环。

过去数年与大型数字和非数字客户打交道以来，我想补充3条我个人的准则，这3条准则在我的经历中是至关重要的，即便它们在有关"精益"的文章中很少被提及。这是我对现存实体在应用精益方法时提出的3条附加准则。

首先在纸上反复地测试你的关键假设

检验任何东西都很容易。那测试成功的关键假设（即在失败的情况下会彻底扼杀整个想法的假设）是什么呢？设计出最小化可行性产品来坚决地专注于它们，而不考虑其他任何"值得拥有"的数据。

人类和组织所能承受的失败只有那么多。每一次失败都要付出代价。有时，一些组织将"测试和学习"的精益方法转变为"为了学习而测试"。我强烈反对这一点。人们从一次失败的测试中学到的最常见的教训之一就是，他们不喜欢

"被证明是错了"的滋味！失败是一剂猛药。没有杀死你的东西确实会让你变得更强大。但谁愿意以吃咳嗽药为生呢？当结果确实未知且结果之间的差异是有意义的时候，应该间歇地使用测试。

否则，这只会是一次民意调查。测验和民意调查有很大的不同。一项民意调查是不知道你的商标应该选择哪种色度的蓝色，然后向一万人展示五个版本，找出最受欢迎的。而一项测验是假设深蓝色看起来更严肃、更可靠，并将导致更多的购买（打个比方），并与另一种较浅的蓝色进行对比以验证这一假设。

通过借用、交换或讨要来创造 MVP，而不是购买或建造

我们用于测试的任何最小化可行性产品在测试后都将失去任何价值。要么测试失败，然后这个想法被抛弃（和最小化可行性产品一起），要么测试成功，然后通过一个新的最小化可行性产品进一步测试这个想法。在这两种情况下，对于为了初始最小化可行性产品而组合在一起的元素而言，它们的最终归宿可能会是废料堆。

这就是为什么任何最小化可行性产品都不应该被购买或建造，而应该被借用、交换或讨要。我们可以请第三方（供应商、经销商、朋友等）帮忙，从而以很少的时间或金钱获得一些外部资源，也可能是为了换取内部资源，只有在万不得已的情况下才会花真金白银。

这方面的教训就是可变成本胜过固定成本。商业的关键规

则之一即寻求较低的单位成本，通常是采用更加固定而不是可变的成本来实现。在精益测试中，我们实际上试图达到完全相反的效果。成本自身的变动性越大，我们要花在数据上的费用就越多。

在隐藏技能和推诿技能上投资

大多数测试会失败。让我们确保失败不会对我们的品牌或声誉产生负面影响。第一次试验的规模不仅应该小，而且除了一个人的宏大希望破灭后的悲伤外，它的失败不应该有其他任何负面影响。

年轻的创业公司通常认为，坏的报道总比没有报道好。老牌公司可没有这种奢侈的想法，它们必须不惜一切代价避免不良的报道。大多数人也不希望永远为一个失败的想法或冒险项目所困扰。

建立可隐藏且可否认的最小化可行性产品的两种最经典的方法就是在偏僻的地方进行测试，以及让另一家面临不同风险的公司参与进来。在一个人烟稀少的地方而非你的本土市场启动你的最小化可行性产品，会确保你能把任何小错误的覆盖范围都缩减到最小。同样地，你也会问自己，如果最坏的情况发生了，哪家公司不会那么在意呢？这是确定你想在测试中与谁合作的一个好方式。

最后要注意的是，精益方法或敏捷方法并不是万能的。就像过山车式战略思维"下行"部分中的所有技巧一样，精益技术取决于你的初始条件。如果你最初的想法很糟糕，不管你对它们进行了多少精益测试，你最终还是会得到一个糟糕的想法。确保一个成功结果的最好方法通常是在一次失败的精益创业测试后重新进行一次"向上"的生成活动。

精益测试实例

在"快乐线"一章中，我们讨论了列车运营商使客户更满意的方法，不论这个运营商是英国的阿凡提公司、美国国家铁路客运公司，还是澳大利亚的新南威尔士铁路公司等。由此产生的一个想法是，车厢内只售站票。对于一些顾客而言，这可能提供了一种更好的利益权衡选择：不那么舒适，但票价低得多。

怎样才能快速判断这个想法是可行的，还是注定要失败的呢？到目前为止，我们已经看到了三种方法来证明这个想法：文字（收益表现）、数据（场景分析）和行动（精益创业）。你们中的一些人可能已经在想办法用文字和数据来测试车厢内只售站票这个想法了，但是让我们把注意力放在行动上。

为了提供一个在实践中使用精益方法的现实例证，在组织者构思他们即将进行的试验的规模、内容以及试图检验的假设时，我想多花一点时间来检验他们头脑中所想的许多问题和答案。

问题与答案

关键假设是什么

是人们能不能在火车内站着吗?不是的,当火车满载的时候,就已经发生了。是人们愿不愿意在火车内站着吗?不是的,当乘客选择去酒吧车厢里站着喝一杯的时候,就已经发生了。是关于人们在火车内平均愿意站多久吗?是的。平均持续时间是我们运用最小化可行性产品企图从试验中获取的关键衡量标准。

因此,关键假设最好的表述是:(1)足够多的有意愿的消费者;(2)愿意在火车内站立;(3)愿意站足够长的时间;(4)符合安全规定;(5)我们很多火车上的站位车厢在经济上是合理划算的。

如何才能提高通过测验的可能性

我们假设的核心方面就是平均持续时间,在测验过程中有四种方法可以延长平均持续时间:

- 打造更顺畅的火车旅行(火车轨道、车厢悬挂等)。
- 让乘客锻炼肌肉(更好的身姿、耐力锻炼等)。
- 分散乘客的注意力(与之交谈、观看娱乐节目等)。
- 激励乘客(车票打折、增加火车里程等)。

你会从"金字塔原理"一章中认识到,上面的四个选项合起来就是金字塔中的一个层面。如果四个选项都有效,那么结果显然是好的,但不是只有当所有条件都有效时,结果才是好的。精益创业方法推荐用最小化可行性产品来测试想法,建议你讨要、借用、交换,而不是购买或建造。在实践中,让我们在这个阶段打造一节带有娱乐和激励功能的测试车厢。锻炼乘客的肌肉可能太麻烦了,打造更顺畅的火车旅行必然太耗时、太昂贵了。

应该用什么来分散注意力

按照试验和测试中的惯例,确保测试的变量一次不会太多。在这个案例中,通常人们都心甘情愿地站在哪些地方呢?在酒吧里,在音乐会上,在一些体育赛事上。因此,让我们将这三个场景的简约版本带到我们的测试车厢中去。一个酒吧,几面有体育赛事的屏幕,后方有一个舞台,现场有一位音乐家(能驾驭一系列具有广泛吸引力类型的音乐)。

如何把这节车厢组装起来

一个办法可能是在投入使用之前从供应商那里借一节酒吧车厢,另一个办法可能是求助于我们自己的维修团队,直接从维修部门借一节"未装饰的"车厢,设置好一个临时酒吧、舞台和几面屏幕(满足健康和安全标准),然后你就可以开始行动了。我称之为供给方面因素,你也可以称它为最小化可行性产品。

测试的目标客户应该是谁

目标客户应该是那些愿意尝试一次更有社交性、娱乐性的旅游，并且注重外在旅游体验的人。虽然大部分人都符合这一特征，但很明显，学生和年轻人总体上特别符合这一特征。先试着让他们参与进来。

测验涉及哪些风险

首先是耐力风险。他们可能会因为站得太久而感到身心俱疲。如果他们愿意，我们可以通过允许他们回到座位车厢来缓解这种情况。第二个风险是由于太多人一边喝酒一边站在高速行驶的车辆里（呕吐、小便、打架等）而造成的喧闹和相关后果。我们可以通过只提供不含酒精的饮料来缓解这种情况，至少一开始我们可以这样去做。最后一个风险通常是声誉风险，如果测试失败（无论是什么原因），而且一名记者决定用冷漠的措辞报道我们的失败，那么就会有这种风险。但不久后，我们就会知道如何降低这种风险了。

应该在哪里进行测试

测试时须将无意暴露的风险降至最低。让我们仔细选择火车的测试路线，我们可能需要寻找一条年轻人和学生占比较高的且目的地足够远的路线来测试耐力，并且这条路线要稍微远离国内媒体——在测验结束或准备在黄金时段曝光之前避免负面报道。在英国,对于阿凡提公司来说,这些条件可能指向像伯明翰到班戈这样的铁路路线。

应该如何邀请目标客户参加

邀请时须将无意暴露的风险降至最低。

要让我们的目标客户了解新车厢,主要有四个选择:

- 在网站上。
- 在火车线路上的车站售票处。
- 在火车线路沿线的车站站台上。
- 在火车上。

网站和售票处的覆盖面可能有些大了(因为它们也会提醒很多非预期目标),在火车上可能有些晚了(一旦他们已经坐下,把他们的东西放好了,人们可能不愿意尝试只能站立的车厢)。最佳选择可能是在火车线路有关站台上的实体广告。

阿凡提公司的几名员工可能正站在一个巨大的横幅旁边,横幅上写着:"今天免费乘坐火车。请向我们索要支付车票的钱。"请注意,要对横幅上的实际文字进行 A/B 拆分测试,直到得出最成功的措辞。

一旦乘客走近阿凡提公司代理商就可以得知,只要他们全程站着,就可以花费一英镑乘坐配备齐全(包括酒吧、电视屏幕上的体育节目、舞台上的音乐家等）的新型"有趣车厢"去旅行。接受旅行优惠的乘客比例将很好地表明这一新商业想法的受欢迎程度。我们可以推测，随着时间的推移，有几个因素可能会调整这个百分比：

- 广告：人们对优惠的了解越多，准备尝试的人就越多，然后在车站看到它时就会接受它。
- 便利性：我们将在网站上提供方便预订车厢的选项，这可能会增加上座率。
- 习惯：一些人可能会喜欢"有趣车厢"，而另一些人可能会讨厌它，不再光顾它，无论我们对它做了什么改进。
- 定价：改变票价将测试乘客在乘坐"有趣车厢"与偏好的舒适度之间的确切权衡。
- 酒精饮料：在适当时间增设酒精饮料必须是测试的一部分，以模拟可能的现实生活条件。

所有这些方面都表明，倘若服务完全开启并运行，那我们将能够显著地影响正在变动的用户比例。然而，并非所有的影响因素在经济上都是可能的。因此，我们用最小化可行性产品测试了一个"基本情况"。用户的任何反应（无论是毫无兴趣，还是大量超额认购）都是非常有说服力的，并可以让我们直接得出结论。通常情况下，第一个最小化可行性产品帮助我们学习，并调整到第二个最小化可行性产品，等等。

实际上,我们的第一个试验车厢可能会在几周内准备好以便投入使用。这两周的攻略可能如下所示:

- 检查健康和安全标准。
- 沟通并说服关键的内部利益相关者(站长等)。
- 保护"未装饰的"车厢。
- 采购和安装车厢的物理组件(酒吧、电视等)。
- 获取饮料(从不含酒精的饮料开始)。
- 招募志愿者员工管理"免费旅行"摊位。
- 准备和改进志愿者使用的剧本。
- 制作站内横幅等。

正如你所看到的,精益创业测试在实践中通常比简单的构建—估测—学习循环带给我们的预期要复杂得多。不过,不要灰心丧气。一般只需要几个小时来设定策略就可以了,与根本不进行试验就推出一个新想法,然后一败涂地的成本相比,精益创业测试的成本显得微不足道。

最后,我们早些时候提到,如果你是一家老牌企业,那么并不是所有的宣传都是好的宣传。我的第三个建议是,让你的测试具备隐藏技能和推诿技能。不是去撒谎或混淆,而是要变得更聪明些,重新思考什么可以让你的测试不太能受到负面宣传的影响。在这里的例子中,关键的声誉风险将会是测试引起了较多的醉酒事件。

如何才能巧妙地降低形象风险

也许可以与一个不会因醉酒事件而对其品牌产生负面影响的组织合作。比如连锁酒吧或饮料公司。想象一下，如果我们的车厢被称为"喜力车厢"或"飞翔的韦瑟斯庞"，那么任何媒体都会对在这节车厢里大醉的报道一笑置之。你还想从酒吧里得到些什么呢？

我们如何让喜力公司或韦瑟斯庞公司参与我们的测试呢？如果测试成功，车厢会在整个线路网络中铺设，那么能让它们享有为期一年的极具价值的独家供应权。我们清楚在这里做的是检验一个可能的新业务部门（即"三等舱"，只有站位的车厢），并且也要告诉喜力公司这些信息。我们也须清楚并如实地说出会导致测试不起作用的各种问题，那么我们可能不得不在几周或几个月后取消测试。在最坏的情况下，测试提前终止（可能被认为是失败的），喜力公司和阿凡提公司都可以声称这只是一个促销噱头（由喜力公司提出），就像所有这类活动一样，从一开始就设想不会弄太久。使用期限偏短的喜力营销抵押品显然会佐证这一故事。实际上，我们可能会从车厢里只有喜力公司的横幅开始，如果证明测试截至目前是成功的，那么可能之后会给车厢上漆。

小结

所以，在总结这个冗长的例子时，我们已经看到了在实践中筹划一项精益测试所涉及的大量的细节和缜密的思考。

时间就是金钱。你仔细规划一系列测试的时间越长，每一项测试所需的花费越少。相反，你花在规划上的时间越少，所需的花费越多。

作为最后一个提示，我经常问客户，如果把目前分配给某项测试的十分之一的现金拿来做测试，会怎么开展该测试？将预算缩减 90% 着实能让人更加集中精神。通常，人们确实会想出一个新版本的测试（这可能不会便宜 90%，但仍然会便宜 75%）。节省测试资金最成功的方法就是一次果断地只专注于测试一项关键的挑战。同时测试四件事的方法可能不多，但通常有很多廉价的方法可以一次测试一项挑战。例如，测试人们是否喜欢你的食物并不需要一家功能齐全的餐厅，在公园中的简单野餐可能就可以了。

作为一个附加好处，减少每一次测试的风险金额确实有助于逐渐改变公司的文化。如果测试费用几乎为零，那么将更易于支持和负担测试。将企业文化从传统的"失败不是一种选择"转变为"失败是一种搜集创意的、非常廉价和低风险的方式"。

精益创业的核心原则——测试和学习——是非常巧妙和简单的。然而，在实践中使用这种方法是非常有讲究的，但熟能生巧，这是值得的。

精益创业练习：如何重新调整荷兰人的尺寸

　　精益创业方法是快速测试想法的好方法，对于任何想法，或者说至少对大多数想法是如此的。你需要做的就是认真思考你要检验的关键假设是哪些，以及将带给你有关成功或失败的数据是哪些。精益方法不像其他一些战略技术那样是具有结构化的方法。我的一个核心建议就是专注于"精准数据"，而不是"大数据"。如果我们脑中的想法失败了，而且我们在几个月后听取了那个失败的有关汇报，那么今天我们可能已经能发现失败的最主要原因，这正是人们在测试上需要立即关注的地方。

　　要直面最有可能导致失败的原因，而不是让它们持续下去。

　　想象一下，你正为荷兰卫生、福利和体育部工作。他们担心，无论荷兰人总体上有多健康，他们的平均体重都在慢慢增长——大多数西方国家都是这样。一次"向上"思考会议提供了许多很棒的、有关帮助遏制甚至扭转这一趋势的潜在想法。有一种想法尤其值得一试：付钱让市民减肥。他们通过变得更健康而变得更富有，在这个过程中，他们也会变得更苗条。

　　拥有500家门店和服装产品的综合零售商赫马公司很乐意参与进来。赫马公司并非给人们现金，而是可能会提议给市民一张衣物优惠券，让他们买一件小一号的新衣服，当他们实现目标时，他们将需要这件衣服。赫马公司和荷兰卫生、福利和体育部会将这项潜在的运动称为"调整荷兰人的尺寸",以提倡人们缩减腰围和降低体重。沃尔玛公司和美国卫生与公共服务部,以及英国特易购公司和英国卫生与社会保障部可能很快就会参与同样的活动。

假设我们正处于项目的早期阶段,两个小团队被要求先独立思考问题。每个人都被要求识别关键的假设,或解决关键的问题,并为每个人准备一个关于可隐藏的最小化可行性产品的测试。

以下两个练习供你练习精益技能,你可以在 www.strategic.how/Lean 上分享你的解决方案:

- 精益创业练习 1

  在这个阶段,安妮莱科的团队和克莱艾莎的团队哪一个测试这一想法的计划最好(图 7-3)?

- 精益创业练习 2

  你自己在关键假设和测试上的组合是什么(图 7-4)?

安妮莱科的团队

关键假设	可隐藏的最小化可行性产品测试
想要减重的人占比为多少？	在街上向100个人调查两个问题：你对你的体重满意吗？你想参加全国减重挑战吗？
最好的激励计划是什么？	A/B测试五个平行的维度：现金、折扣代金券、人物模特、游戏、免费服装
参与者保持动力/参与的状态有多长？	在一个偏僻小店开展试点项目。基于在线应用
我们如何衡量体重（以防作弊或者欺骗）？	?

克莱艾莎的团队

关键假设	可隐藏的最小化可行性产品测试
能被激励从事减重的人占比为多少？	·三天招揽100人 ·5家商店 + 5家健身房 ·后续跟进一个月
每千克重量需要多少欧元？	给每人50欧元代金券，并且仅在他们使用代金券时问他们减轻了多少重量
每位参与者可能在赫马花多少钱？	追踪三个月以上

图 7-3 精益创业练习 1
安妮莱科的团队 Vs. 克莱艾莎的团队

关键假设	可隐藏的最小化可行性产品测试

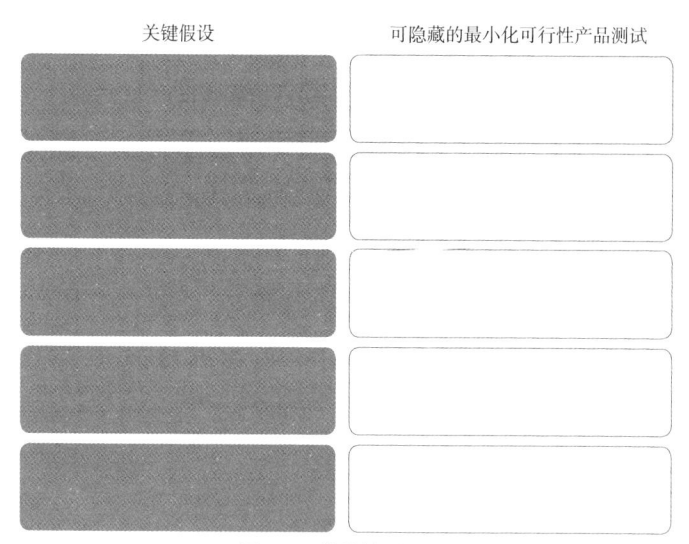

图 7-4　精益创业练习 2
你对"调整荷兰人的尺寸"的看法

第四部分

如何使最佳解决方案获得认可
("推进")

在商业环境中，有很多方法可以帮助我们从"确定"转为"定论"，我们在"如何解决复杂问题"（"思考"）中提到过，你可以尝试：

- 利用有影响力的词语，使你的表达方式更适合每个利益相关者所展示的个人偏好；
- 搜集一些简单的数据，因为如果没有任何数据化的表述，想法得到认可将会变得很困难；
- 精心准备一个令人信服的故事，以吸引利益相关者的注意，使他们注意到你的建议中他们需要理解的关键部分。

在这一部分中，关于如何使最佳解决方案获得认可（"推进"），我们将从以下 3 个方面分别介绍两种技巧：

- 有效的关键词。利用神经语言程序学和十种方法来说服你的听众。

- 简单的数据。利用一些令人印象深刻的指标和袖珍版净现值模型。
- 令人信服的故事。利用金字塔原理和广告界的自信气势。

战略思考的过程就像乘坐过山车,"推进"无疑是关键性时刻,在这个时刻,你试图说服听众相信你所推荐的解决方案是有效的。你想让他们接受你的解决方案。你想要得到他们的支持。总结成一句话就是:你希望他们同意你的观点。

在我们进一步展开这个话题之前,请换位思考一下这个问题。想象一下,有人正试图让你同意他们的观点。什么会促使你同意他们的建议?想获得你的同意的人也许是你的恋人、老板、供应商、同事、汽车经销商等。

当别人希望你同意他们的建议时,他们实际上是让你相信他们对未来前景的勾勒。他们是想让你相信,对双方来说,他们的想法一定会产生最好的结果,无论是在当前,还是在不久的将来(可能是几秒钟后、几年后,甚至是几十年后)。当被问及需要什么才能使听众相信这样一个未知的结果时,人们都会说:"令人信服的故事、有效的关键词和简单的数据。"而这也构成了"推进"这一部分的结构。

在为任何战略性问题提建议时,人们都会面临数据不足的挑战。当没有多少数据可以使用时,你必须更有效地利用你的数据,更有力地利用你的语言,更有说服力地利用你的故事!

第八章
有效的关键词

神经语言程序学

神经语言程序学（NLP）是一项聚焦于研究人类身心语法和神经语言的卓越学科。研究人员通过大量的实验，试图发现哪些独特的战略能使一些人比其他人更容易成功。在花费了大量的精力后，他们得到了一些关于语言和交流的、令人印象非常深刻的结论。

我们知道，每个人都是通过感官来感知这个世界的。我们有视觉、听觉、嗅觉、味觉、触觉，这五种感官是外部信息进入我们大脑的通道，使得我们在头脑中构建出关于世界的印象。神经语言程序学称之为五个"表征系统"。在此基础上，神经语言程序学增加了第六个通道，即对事实和数据的感觉。在 20 世纪 70 年代早期，神经语言程序学发现了这个通道，并且把它称为"数字"通道。如今，"数字"这个词的含义要更丰富，但大体上这种表述还是正确的，因为第六个通道确实涉及对简单事实和数据的处理。

为了简单起见，神经语言程序学通常将最具物理意义的三种感官（触觉、嗅觉、味觉）合并，并把它们统称为"动觉"通道。

因此，我们有一个模型来处理信息，也就是说，外面世界的信息通过四个通道进入你的大脑：视觉通道（观察和看），听觉通道（听和说），动觉通道（触摸和感觉）和数字通道（阅读和计算）（表8-1）。

表8-1 四个通道

视觉	观察 + 看
听觉	听 + 说
动觉	触摸 + 感觉
数字	阅读 + 计算

神经语言程序学的一个重大发现是令人震惊的：大多数人非常偏爱这四个通道中的两个。

在实践中这意味着，如果以听众偏爱的方式传递信息，那么听众将更快地接收信息、处理信息，也更容易被说服。反之，如果以听众最不喜欢的方式传递信息，对听众来说不仅需要花费更多的时间去接收与处理，也不容易达到我们想要的结果。

例如，对偏爱视觉通道的人来说，他们更喜欢将观察作为一种搜集信息的方式，通过视觉通道，我们更容易说服他们；

偏爱听觉通道的人更喜欢听和说；动觉能力高的人喜欢进行一些肢体接触；数字能力高的人喜欢阅读和计算。

你可能已经发现自己更为偏爱的信息通道是什么了。如果你经常大声朗读文档，那么听觉比数字更适合你。如果你在平行停车的时候会关掉收音机，那么视觉比听觉更适合你。

大多数人的潜意识里知道什么通道对他们最有效，并且他们会通过自己的行动将这个事实传达给世界。只有确切地知道我们应该关注哪些方面，我们才能知道听众最偏爱的信息通道是什么。一旦我们知道了目标人群的信息，我们就有把握说服他们。

事实证明，人们使用的词汇中包含了大量的线索。我们每个人使用的语言都高度偏向于我们所偏爱的表达系统中的词。我们向世界表明，我们希望世界通过何种通道与我们合作，并通过我们使用的语言来达到这一目的。下面的4个表提供了一些明显属于特定表达系统的词与表达方式。

一旦你知道了某人的首选通道，将信息以这种通道进行传递，能更直接地打动他们，并能更快、更好地说服他们相信你所推荐的方案对于解决问题是有效的。

视觉系统

高度视觉化的人喜欢使用视觉语言。他们会用"看见""聚焦""清楚""明亮""图片""朦胧"等词，并且视觉型的人更偏爱使用视觉表达（表8-2）。一旦你注意到某些人使用大量的视觉语言，你就懂得了如何更好地与他们互动。首先，你自己使用视觉语言，然后提供更多的视觉刺激——无论是通过幻灯片、演示文稿还是图片——因为他们更喜欢看一些东西。看，是为了搜集信息并被说服。

表8-2 视觉系统的典型词与典型表达

典型词	典型表达
看见	"我大概明白了"
聚焦	"现在清楚了"
清楚	"我理解了你的意思"
明亮	"事情渐有起色"
图片	"我对此持否定态度"
朦胧	"前景黯淡"
色调	"事情并不明朗"
景象	"我们已经明确了前进的方向"
模糊的	"这是一个生动的表达"
看起来	"他今天心情很差"
—	"对我来说很好"
—	"意见一致"
—	"阐明"
—	"多姿多彩的表演"
—	"大局"

听觉系统

听觉系统的人使用很多听觉语言。例如，"听起来""听见""告诉""说"等词，以及一些描述声音的词，如"咔嗒声""砰"等。他们可能会用"我告诉自己要小心""倾听你内心的声音",或者"我们异口同声"等表达方式（表8-3）。他们使用很多关于声音、口语和听觉的表达。一旦你理解了这一点，一个可以更好地与他们互动的方法就是自己使用大量这样的表达方式，与他们交谈、倾听和对话。

表8-3 听觉系统的典型词与典型表达

典型词	典型表达
听起来	"我告诉自己要小心"
听见	"告诉我事情是怎样的"
告诉	"事情进展顺利"
说	"让我解释"
"咔嗒声"	"我们和谐无间"
"砰"	"倾听你内心的声音"
交谈	"我们彼此和睦"
音量	"听起来太悦耳了"
响亮的	"我很高兴你说这些"
咔嚓声	"听到这消息我很高兴"
—	"听起来不错"
—	"我已经不能思考"
—	"与我们想法一致"
—	"清晰的解释"
—	"敲响警钟"

强烈偏好听觉通道的人需要把事情讲清楚。他们可能会完全忽视你整理得很好的幻灯片或备忘录，而坚持从头开始聊天。如果你有很多道具（照片、物品等），把它们放在一边，

和你的听众聊天,用语言吸引他们。偏爱听觉通道的人喜欢倾听,他们也喜欢与人交谈。

动觉系统

动觉系统的人喜欢肢体接触。他们会使用"冲击""感觉""抓紧""紧张的""粗暴的""放松的"等词。他们偏爱使用各种各样的动觉词或情感词(表8-4)。对于这种目标听众,我们首先使用相似的词与他们交流,其次尝试通过经历、互动和情感与他们交流。和他们一起做一个小练习,让他们站起来,四处走动,拥抱或击掌,因为这比图像或声音更能打动他们。

表8-4 动觉系统的典型词与典型表达

典型词	典型表达
冲击	"痛苦不堪"
感觉	"成功的美妙滋味"
抓紧	"处于现实之中"
紧张的	"我明白了你的意思"
粗暴的	"我掌握了它"
放松的	"诚挚问候"
坚固的	"它打击到了我"
压力	"让我们就敲定这个吧"
处理	"他仔细品味着当下"
权衡	"坚持住"
—	"感觉很好"
—	"激烈的辩论"
—	"怀疑事情不妙"

数字系统

最后,有强烈数字偏好的人,也是在商业环境中最常见的一类人,更喜欢阅读和计算,他们使用的词包括"适应""能力""理解"等,以及更为复杂的词(表8-5)。这种人可能有些无趣,有时会给其他人留下刻板机械的印象。与前三种类型的人不同,和他们交流不需要提供图像,也不需要提供故事,更不需要进行情感上的交流。与数字类型的人交流没有多少诗意,这也是他们喜欢的方式。把重心放在陈述事实上,更有可能说服他们。

表8-5 数字系统的典型词与典型表达

典型词	典型表达
适应	"这些事情讲不通"
能力	"这是合理的"
理解	"你所关切的"
确立	"就概率而言"
假设	"一个有趣的困境"
判断	"一个可行的解决方案"
深思	"分析可能性"
达标	"评估选项"
思考	"质量评价"
大多数词都有3个音节及以上	"提倡一种准则"
—	"暗示着裁员"

小结

神经语言程序学为说服他人提供了多种途径。要注意你的目标听众使用的词,因为他们最频繁使用的词暗示了他们接收信息时喜欢哪种通道。使用该通道的表达方式以及相关的图片、故事和数字就可以达成最终目的。

想了解更多细节,请参阅我的前任老板、第一位神经语言程序学老师——朱利安·维纳的著作《掌握软技能:用影响、说服和销售的新方法赢得和建立更好的客户关系》。

最后让我们看看苹果公司和亚马逊公司的例子。受史蒂夫·乔布斯和乔纳森·伊夫的影响,苹果公司的视觉效果令人惊叹,而且非常具有动感。从最初的iPod(数字多媒体播放器)广告中的舞蹈形状,到苹果商店中的木头形状,再到应用程序商店中的应用程序圆角,苹果公司所做的一切都具有非常强烈的动感化视觉。而与苹果公司充满禅意的页面不同,浏览亚马逊的网站,会有无数选项的下拉菜单,搜索结果会对你发出不同的声音等。亚马逊页面给人的强烈印象是数字化听觉。

关于神经语言程序学的一个例子

到目前为止,我们提到,大多数人都强烈地偏爱两种信息传递通道。为了简单起见,让我们构造四个角色,每个角色只有一个首选的信息传递通道。也就是有一个视觉型人、一个听觉型人、一个数字型人和一个动觉型人。让他们在周二下午走进奥迪汽车展厅。展厅位于城里最负盛名的街道之一,汽车不能试驾。让我们看看四个角色都希望如何与展厅中的销售人员互动。

首先，视觉型客户走进展厅。销售人员走过来询问："需要我帮忙吗？"视觉型人会说："不用了，谢谢，我只是看看。"他们心里会想："这就是我为什么总是避免和你有眼神交流！"视觉型人倾向于获取尽可能多的视觉信息，他们通常不希望被热情的销售人员打扰，从以往的经验中，视觉型人知道销售人员将说一长串话，而这远不如一个好的浏览有用，最好马上把销售人员打发走。只有在需要特定信息的时候，视觉型人才会向销售人员挥手以获取帮助。

现在，一个听觉型客户走进了展厅。销售人员走过来询问："需要我帮忙吗？"听觉型客户会说："是的，请给我讲讲吧。"有时我们会发现，站在汽车前面的听觉型人可能会背对着汽车，以便面对销售人员。这种偏好可能会让大多数非听觉型人感到困惑。在某些情况下，听觉型客户听到身后有脚步声，可能会转过身来，发现另一个销售人员经过，并邀请他也加入谈话。由此产生的情况是听觉型客户的理想状态：两个人同时对你说话，用略微不同的观点来帮助你选择行动方案。然而这种情况对于许多非听觉型人来说是难以忍受的。

接下来，想象一个数字型客户走进展厅。销售人员走过来询问："需要我帮忙吗？"数字型客户可能会以"需要"或"不需要"作为回复的开始，但回复的关键部分往往是："我只是想要一些小册子"，或者"一些我在网上找不到的信息"。据观察，一些数字型客户会拿着宣传册转身就走。纯粹的视觉型客户可以理解有些客户不与销售人员交谈的行为，纯粹的听觉型客户可以理解有些客户不看汽车的行为，但他们都不能理解只拿着一本小册子就走开的行为。

最后，一个动觉型客户走进了展厅。销售人员走过来询问："需要我帮忙吗？"同样，动觉型客户可能会以"需要"或"不需要"作为回复，但更重要的是，下面的话可能是"谢谢，我不想看汽车"，或者"我只想坐在车里"。当听到动觉型客户想要坐在一辆静止的车里时，数字型客户可能会想："通过搜集额外的数据来评估这辆车是否适合购买，这真是个好主意。"而另一个动觉型客户在听到有人想要坐在一辆静止的车里时，可能会觉得："哦，那感觉一定很好！"

视觉型客户想要看到汽车，听觉型客户想要和其他人谈论汽车，数字型客户想要阅读和分析汽车的信息，而动觉型客户想要体验和触摸汽车。

如果这四个人能够通过他们更偏爱的神经语言程序学通道

获得他们所需要的信息,那么他们中的每一个人都会对是否购买汽车更加确信。

任何了解神经语言程序学通道重要性的销售人员都会不遗余力地以客户喜欢的通道为其提供信息。然而,传统的销售人员可能只关注自己喜欢的通道,而不是客户喜欢的通道。不出所料,最受销售人员欢迎的通道是听觉通道。而一个更有经验的销售人员会通过问问几个问题快速确定客户喜欢的通道,然后通过这些特定的通道进行沟通。

擅长神经语言程序学的人甚至能够在与听众交谈之前就识别他们偏爱的沟通通道。通过分析目标对象的穿着打扮、行为举止或与周围环境的互动方式,可以合理可靠地推断出目标对象的偏爱通道。换句话说,这些信息可以从远处被察觉到,这让你可以在第一次打招呼之前就决定如何与人交流。

现在想象一下,四位除偏爱通道外完全相同的客户同时进入展厅,但只有一个销售人员值班。销售人员应该如何接待这四位客户,以最大限度地提高每个人的满意度,完成销售的目标。你能在 10 秒钟内制订出最佳的方案吗?销售人员应该先接触哪一位客户?视觉型、听觉型、动觉型,还是数字型?

第一位接触的客户显然是听觉型客户。这是四位客户中唯一一个真正想与销售人员交谈的客户。其他三位客户最多是中立的,有些甚至可能厌恶与销售人员交谈。那么,销售人员应该对听觉型客户说些什么呢?

正确的回答不是"我能帮您吗?"因为销售人员已经知道

客户是听觉型的,所以正确的第一句话应该是这样的:"让我们谈谈这辆车吧!您能不能先给我一分钟时间来接待一下这三位客户?我知道他们想问我什么,我马上回来,然后我们可以详细谈谈。顺便问一下,您想喝咖啡吗?"我们知道,与听觉型客户相比,其他三位客户更不喜欢与销售人员交流,因此销售人员可能会很快与听觉型客户再次交谈。销售人员的下一位目标客户是哪位呢?

可能是数字型客户。我们知道,数字型客户对在不受干扰的情况下阅读和分析信息有强烈的偏好。对销售人员来说,最简单的帮助就是从几米远的地方指向一张桌子,上面有许多小册子和传单可供参考查阅。甚至有时候,对于这类客户来说,不与销售人员交谈是一种享受。

在剩下的两名客户——视觉型客户和动觉型客户之间,销售人员应该找谁?很明显,是动觉型客户。我们知道偏爱视觉的人一点也不想受干扰!他们偏爱在空闲时浏览和细读信息。当一个偏爱视觉的人需要从销售人员那里获得额外的信息,或者需要与之互动时,他们通常会把胳膊举过头顶,沉默不语,可能还会用一个手势示意销售人员走过来。在同样的情况下,听觉型客户可能会在房间的另一边大喊:"对不起,你能帮我一下吗?"因此,在这个阶段,销售人员会离开视觉型客户。

销售人员向动觉型客户走去,先和他握手,可能会把另一只手放在客户的肩膀或肘部。然后销售人员会向他介绍,所有的车都是可以坐进去体验的,客户可以随意体验。然后销售人员就会离开动觉型客户,回到听觉型客户那里。对动觉型客户来说,坐在汽车座椅上,摆弄汽车上的所有按钮和把手,并确信汽车销售人员一时半会儿不会回来打扰他是很常见的情况。

此时销售人员可以为自己的安排感到自豪:他的三位客户正在以各自喜欢的方式获取大量信息。回到听觉型客户身边的销售人员现在有两个选择:去倒咖啡,然后与客户交谈,或和客户一起走到厨房,开始在这个小的、嘈杂的、没有窗户且难闻的房间里与他交谈。现在你已经理解了神经语言程序学通道的本质,你知道听觉型客户(并且只有这位客户)更喜欢在嘈杂的、难闻的厨房里聊天,而不是自己阅读销售手册或是亲自体验汽车。

不难理解不仅奥迪汽车的展厅是这样布局的,许多豪华品牌汽车的展厅也是如此。销售人员的办公桌应该放在哪里?离展厅入口越远越好。这样安排有两个原因:首先,让销售人员从远处观察客户几秒钟,以猜测客户喜欢的信息传递通道,并开始以客户喜欢的通道接近他们(或离开视觉型客户);其次,除了听觉型客户,大多数客户对销售人员的心情是矛盾的,因此,在展厅入口和销售人员办公桌之间留下尽可能多的距离,可以潜在地影响其他三种类型,表明他们不会被销售人员打扰,或者至少短时间内不会。

当谈到展厅的布局时,你可能很容易理解为什么在入口附近经常有一张桌子,上面有很多小册子和各种信息表;大约一半的汽车的驾驶室车门处于打开的状态;而且,这些车并不是按照一条乏味的直线排列，而是以一种明显随意的"之"字形排列，每一行都有一个令人惊讶的新角度。

确保你所提供的产品（无论是汽车还是推荐的商业解决方案）能让各种各样的客户信服的最好方法，就是在你对目标对象的讲演中运用神经语言程序学。正如下文将要讲解的，没有什么比对一个全新想法的总结更重要的了。

十种说服他人的方法

神经语言程序学的四个通道强调了针对不同对象，以何种通道传递信息的重要性，而十种说服他人的方法则着重于这些词的本质。

第一种说服他人的方法是摆论据。这是战略家和战略顾问最常用的说服他人的方法。他们通常会提出一些理性的论点，例如："这里有三个你应该做X、Y、Z的绝佳理由。"这句话很管用，尤其是当你恰好有一个有力的论据支持它的时候。如果论据不充分，或者目标对象认为论据不充分，那么这种方法就不那么有效了。

通过使用视觉、听觉、动觉或数字语言，可以将摆论据作为一种说服他人的方法。人们倾向于使用数字型语言来支持一种高度理性的方法，但并不总是这样。其他九种说服方式同样可以通过四个神经语言程序学通道传递信息，同时可能与其中一两个通道更为匹配。

第二种说服他人的方法是提问。一个典型的问题是:"你想成为富人吗?"我们没有列举论据来支持我们的观点,而是利用引导性问题来让目标对象说服自己,这样他们就会觉得自己应该对这个决定负责。问别人"你会怎么做"是一种很好的方式,让他们从被说服的防御姿态转变为参与姿态,与你合作说服自己。

第三种说服他人的方法是权威。"我们的原则是不退现金。"如果你是一名外部顾问,在与董事会高管打交道时,你的效率并不高,但你有时会被很多人聘用,而你的下级却没有注意到这一点。在某些特定的情况下,权威确实很管用,比如当你没时间了,或者有太多观点的时候。它也有一举两得之处,通常这种方法只适用于最听话的客户,而这些客户并不总是最具战略眼光的。

第四种说服他人的方法是强迫。"上一个人只坚持了两周。你来做。"我们并不总是承认我们使用了这种方法。然而,大多数人这样做过。如果你回想一下你的职业生涯,你就会看到人们在使用它。如果你反过来问这些人,他们是否使用过这种方法,他们可能会否认,尽管他们可能经常这么做。

第五种说服他人的方法是经验。"根据我的经验……"是一种非常有用的说服他人的方法,特别是如果目前的问题以前确实发生过,而且说话的人确实有一些相关的专业知识。但过度打"专家牌"的一个小缺点是,它过分关注过去的经验和书本上的知识,对于面向未来的人来说,这听起来可能有些过时。

到目前为止，我们看到的这5种方法都有一个共同的特点：它们大多是理性的，而不是感性的。摆论据、提问、权威、强迫和经验多少都有些冷冰冰的，缺乏情绪的感染力。接下来我们将看到另外5种更加温暖、感性的方法。

第六种说服他人的方法是激励。在情感上进行说服："亲爱的朋友们，再尝试一次吧！""让我们一起做吧！"或者"和我一起创造未来，一起冒险！"许多人在个人生活中会经常用到这个方法，但在工作场合会稍微克制一下。你所接触的一切都会让你意识到情商的重要性，它可以让人们接受你。对于善于分析的头脑来说，激励可能没有理性那么令人易于接受，但它确实有效。

第七种说服他人的方法是沉默的盟友。比如"八成的人更喜欢"，或者"我们所有的竞争对手"，这也是相当多的人在私人或商业语境中会经常使用的。沉默的盟友之所以如此受欢迎，原因就在于它具有说服他人的能力。每个人都喜欢比较。当你向听众推荐一个新的解决方案时，能够将其与相似的人所做的类似的事情进行比较是一种让人有安全感的方式，从而使人信服。

第八种说服他人的方法是（使听众或你要说服的对象）感觉良好。"你在这个项目上做得非常好""我真为你感到骄傲""我们觉得你太棒了"。许多人可能对此不屑一顾，认为这种方法等同于毫无根据地奉承。但是，从马基雅维利的《君主论》开始，奉承一直是让有权有势的人做你想做的事的核心组成部分。"感觉良好"可能在道德上并不正确，但它作为一种说服人的方式非常有效，并且大多数父母经常对孩子使用它！

第九种说服他人的方法是交易。"如果你为我做一件事，我也会为你做一件事。"你帮我，我帮你。完全不需要论据来支持这一点，只要一笔直接的交易。许多进入政界的商人发现他们无法进行这种性质的交易，政治环境阻碍了他们。因为在政治舞台上，这是所有人吸引他人支持的正常方式。"你资助我的学校，我资助你的医院。"没有论据，没有强迫，没有经验，没有沉默的盟友等，只是一个简单的交易。

第十种说服他人的方法是请求帮助。也就表达了情感诉求。"我真的很希望你能做……""你能帮我做这个吗？"等等。这种微妙的方法是在求助于人们的善良，而不是他们善于分析的头脑。接受恩惠的人可能仍然会通过其他方法说服别人，比如摆论据："这个请求有意义吗？"或是交易："我能得到什么作为交换？"然而，请求帮助是一种很好的方法，可以使谈话初期的氛围更加和睦。

我经常与学员一起参加培训课程，让他们思考这 10 种方法，并找出他们最常用的 3 种方法。我通常和战略家或高管一起工作，他们最常使用的方法是摆论据。我们可能会得到一些鼓励和提问，我们肯定使用权威，我们会和一些人做交易，其他的方法就不那么普遍了。看到这里，绝大部分人都承认，他们确实有三四种首选的方法来说服他人。问问你自己：你是愿意开四缸车还是八缸车？大多数人用 4 种方法去说服别人。如果你能把它扩大到 8 个或 10 个，那将是非常了不起的。你将可以说服更多的人。方法越多，对我们越有益。

掌握更多方法的一个简单实用的技巧是模仿。当你考虑使用经验，或（使听众或你要说服的对象）感觉良好，或请求帮助等方法时，你想到的是你的哪一位朋友、亲戚或同事？在这 10 种说服他人的方法中，每个人都有不同的偏好。因此，在我们的社交圈里，我们都有与自己偏好明显不同的人。需要注意的是，他们通常是你认为对你来说不具有说服力的人，因为他们通常不会用你最喜欢的方法来说服你！当涉及说服别人的时候，掌握更多说服技巧的好方法就是练习说服的艺术，用你最不喜欢的方法去说服别人。注意人们是如何被这些方法说服的！为什么会这样呢？因为不是每个人都像你。我们最不喜欢的说服别人的方法可能对其他人很有效，反之亦然。

有力的语言练习：如何推销一家新企业

有大量的资源可以帮助你写出出色的报告，它们对于如何书写执行摘要的观点相同。内容要简短、有力、吸引眼球，最多在三页纸内罗列出你想法的关键要素。

这确实很有用，但如果你需要在一秒钟内吸引某人的注意呢？那么传单将非常有用。比如爱丁堡艺术节上的喜剧演员，或者在公共场合挡着别人路的人。传单只有一秒钟来吸引你的注意力，否则它就会被扔在路上或垃圾桶里。让我们来看看如何写一份执行摘要。

第一，我建议你将执行摘要写在一页纸里。一页就好，不是两页，也不是三页。不要让人翻页，就一页。

第二，在页面顶部的某个地方，你放上一个很棒的口号，放大字体，用粗体来进行强调。让我们看一个在线药店的例子。在线药店是这家企业的名称，"即时用药"是其口号（图 8-1）。

图 8-1　在线药店：一页式执行摘要示例

第三，放一张令人印象深刻的照片、一些能吸引眼球的东西。

第四，更注重动觉。加入 2～4 个执行计划、推销内容、关键人物的简介等。

第五，写入三个关键指标。第一个指标是前期投资需要的金额；第二个指标是运营成功的关键；第三个指标是财务回报。

最后是邮件，不要超过300字。确保你用彩笔标记了文本的不同部分。因为我们每个人在收到邮件或办公桌上的信件时都是粗略地阅读，我们都很自然地这样做。收信人也会对你的摘要这么做，就像你收到其他人的信件时一样。

你最终得到的是类似于在线药店执行摘要的一页式页面。关于执行摘要的讨论将马上结束。

小结

找一页看起来能够吸引读者注意力的像传单一样的摘要，它吸引读者继续阅读，并且被放在他们的桌子上或者贴在墙上，作为你与人们交流的提醒物。

一定要分享你的一页式执行摘要。强迫自己把几个星期的工作浓缩到一页纸上是一个很好的练习。

第九章
简单的数据

令人印象深刻的指标

在商业环境中,说服别人去做一些新的事情总是涉及一些数据。这些数据不必很复杂,但它们必须容易被记住。管理中最常用的两个句子是"能衡量的就能管理"和"衡量驱动行为"。两者都提到了数据和衡量在商业中的重要性,但有不同的侧重点。

"能衡量的就能管理"更直接地着眼于当前。它表明,完成或管理某件事的最好方法是为它制定一个衡量标准。这是一个战术性建议。把任何措施都列在某人的待办事项清单上,随着时间的推移,期望的结果更有可能实现,因为现在有人监督它。任何管理过团队的人都明白这一点。

"衡量驱动行为"则着眼于更遥远的未来。它表明,你选择衡量的东西将对人们在什么事情上花时间,以及如何做事等产生影响。这是一个战略性建议。选择优先考虑的衡量标准，观察随着时间的推移人们使公司朝着新的方向发展时的不同行为。无论你使用奖赏还是惩罚，或者两者兼而有之，你都可以通过定期更新你决定衡量的内容来实现驱动方向的巨大变化。

用数据说服别人的一个非常有效的方法是找出成功的最重要因素，并强调这些因素在你所推荐的项目或计划期间将如何积极地发生改变。我们可以使用许多名称对其进行命名，如关键性能指标、仪表板等。罗伯特·卡普兰和戴维·诺顿引入了平衡计分卡的概念，将所有这些衡量成功的标准集中在一个地方。广义地说，这些都是让人印象深刻的指标，是你在未来达成目标的必要条件。

大多数决策围绕着财务数据。财务数据本质上是历史性的。因此，卡普兰和诺顿认为，仅凭财务报表运营一家企业有点像仅凭后视镜驾驶一辆汽车——既困难又危险。财务信息是滞后的。

举例来说，比较一下厨师和女服务员在一家餐厅得到信息之间的时间差。例如，判断这家餐厅运营状况如何，女服务员只需看到有多少张桌子坐满了，就能马上知道那天晚上餐厅的营业情况。而厨师只有在15分钟后才会注意到同样的信息，因为那时订单送来了。如果只在晚上结束时才收到财务数据，缺席的餐厅所有者可能会更晚几个小时。

从这一点出发，除了财务视角以外，卡普兰和诺顿建议添加 3 个新的视角，以帮助你更好地推动活动的开展：客户视角、业务流程视角和学习成长视角。

请注意，这 4 个视角既与公司整体相关，也与部门或团队（其客户可能是其他内部团队）相关。平衡计分卡认为，任何人或任何活动只要关注这 4 个视角，就会取得更大的成功。让我们依次来分析它们。

- 财务视角：及时准确的财务数据是管理现有业务和试点新业务的优先考虑因素。然而，经常出现由于过于重视财务数据或只强调财务数据导致的"不平衡"的情况。风险评估和成本效益这类财务数据确实包含很多信息，但转向其他 3 个视角将更为关键。
- 客户视角：客户关注和客户满意度在任何业务中都非常重要，尤其是新业务。这些都是领先指标。如果客户不满意，他们最终会找到其他的供应商来满足他们的需求。因此，从客户的角度看，糟糕的业绩将预示未来的衰退。即使当前的财务状况可能看起来不错。
- 业务流程视角：基于此视角的衡量指标可以使所有管理者了解他们的业务运行得如何，以及其产品和服务是否符合当前和未来的客户需求。这些衡量指标必须由那些最熟悉流程的人精心设计。
- 学习成长视角：包括员工培训和与个人及企业自我提升相关的企业文化。在 21 世纪的组织中，人力资源往往是主要的资源，应该处于一种持续学习的模式中。学习不仅是培训，还包括导师、助教、知识共享过程和工具。对于公司本身，它包括一切的更新和扩张过程，如研发、知识产权等。

一旦你理解了这 4 个视角，你就会很容易明白，仅从财务视角看待成功，如何实现成功，以及如何保持成功是非常有限的。让我们用流媒体举例来说明这一点——奈飞、亚马逊 Prime Video 或迪士尼＋等。想象一下，你是一名首席执行官，问问你自己，为了让你的企业安全地进入你所希望的可持续的、盈利的未来，你应该从 4 个角度衡量的 12 个指标是什么？财务指标通常有收入、成本、现金。其他角度的指标有哪些呢？下面为今天的奈飞设计一份可能的计分卡。

首先让我们把注意力集中在业务流程视角的衡量指标上。当奈飞公司在 1997 年成立时，它仅仅是一家邮购电影 DVD 的公司。邮寄 DVD 到客户家里的占比在当时肯定是一个非常重要的指标，值得监测和管理。当然，这个问题如今已经完全消失了，但这个指标在十多年前是最值得关注的。2007 年，奈飞公司推出了流媒体服务，突然之间，服务器宕机、软件故障解决速度等问题变得更加关键。如果再往前推进十年，奈飞公司业务流程视角的关键性问题将更多地集中在可供流媒体观看的电影和电视剧的库存上，而不是技术和交付问题上（图 9-1）。

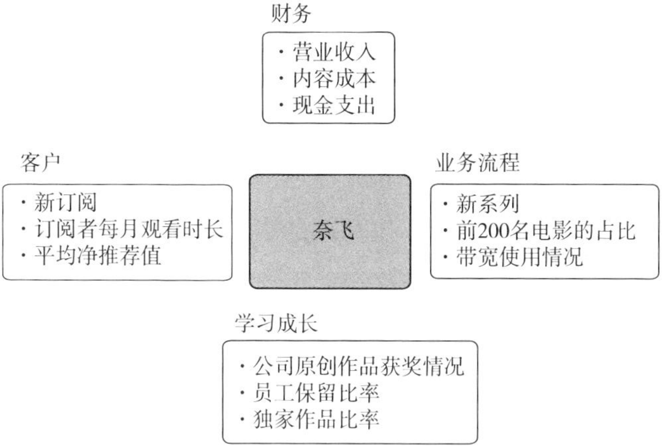

财务
- 营业收入
- 内容成本
- 现金支出

客户
- 新订阅
- 订阅者每月观看时长
- 平均净推荐值

奈飞

业务流程
- 新系列
- 前200名电影的占比
- 带宽使用情况

学习成长
- 公司原创作品获奖情况
- 员工保留比率
- 独家作品比率

图 9-1 奈飞的平衡计分卡

这说明了令人印象深刻的指标的一个关键方面：在正确的时间对正确的内容进行优先排序。计分卡、仪表板等既可以用于战术（管理当前指标），也可以用于战略（通过新指标驱动新行为）。一个优秀的战略家应当在企业或新创企业生命的不同阶段使用不同的衡量指标，并在个别衡量指标变得多余时取消它们。如果仪表板上所有的指标都是绿色的，那么你可能没有制定正确的衡量指标！

让我们再举一个例子，看在个人生活中如何巧妙地使用计分卡。想象一下，你的朋友菲丽帕正在计划她未来十年的生活。在财务指标栏中，她可能会写下"薪水"作为她的第一个指标。

如果这是她唯一的衡量指标，那么她在未来10年将做什么来增加她的工资？有两个方法可以做到这一点：努力工作，期望得到认可，然后作为奖励得到晋升和加薪，或者与外部公司联系，与猎头会面，换个公司实现加薪。这两种方法都是完美且合理的，可以最大化菲丽帕为自己设定的衡量指标。

现在想象一下，如果她为自己选择的指标是"时薪"。这显然会导致菲丽帕采取不同的行为。她可能会专注于更巧妙地工作，而不是简单地多工作。她会寻找提高效率的方法，并开始给其他人委派更多的工作。也就是说，如果薪水是她的衡量指标，她想要自己做所有的工作，并因此得到老板的认可；如果每小时的薪水是她的衡量指标，那么她将把很多工作委派给别人，让其他人来做，让他们得到认可（这样他们就会很高兴再次为她工作）。

从中我们得到了两个结论。首先，衡量确实会推进行为。专注于薪水的衡量或每小时薪水的衡量会导致不同的行为。其次，有些衡量指标显然比其他指标更明智。在我们的例子中，不难意识到菲丽帕在关注时薪时采取的行为对她的雇主、下属和她自己更有益！她不仅通过更好地管理自己的工作时间来平衡工作与生活，还通过委派任务给下属为公司带来了更多的好处。这可能会给她带来更快的晋升以及加薪，实现多方的获益。

要让别人相信你的新想法是有效的，关键是要选择令人印象深刻的指标，能够驱动行为和带来利益的指标，这些都有助于成功。选择一些混合性指标：一些用于管理当前的指标（如菲丽帕的薪水），一些用于创造一个有更好预期结果的未来的指标（如时薪），还有一些更有抱负、可以改变长期行为的指标。例如，想象菲丽帕现在将"资产"添加到她的财务指标列表中（图9-2）。

她将专注于资产最大化。这可以在公司内部实现，如通过追求加薪和股票期权。她可能会删去时薪的衡量指标，菲丽帕将尽可能多地花费时间去工作。增加资产也可以在公司之外实现，方法是控制带薪工作时间，业余时间用现有资金投资于其他企业。资产、进出口、股票等都可以使人们在增加资产的同时，完成对雇主的职业义务。

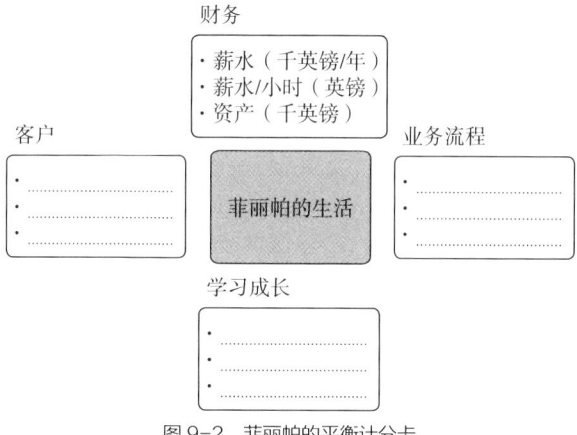

图9-2 菲丽帕的平衡计分卡

如果你读到这里停下来想一想，把这种方法带到自己的生活中，你可能会完全接受"衡量驱动行为"这种观点。对于菲丽帕（或你）来说，积累一些资产的最有效方法的第一步是强调"资产"作为她（或你）的平衡计分卡的衡量指标，而不是"薪水"和"时薪"。如果你不经常考虑你的个人目标，你就不太可能实现你的目的。这同样适用于整个组织。

当平衡计分卡第一次出现时,一些人和组织做得有些过犹不及了。他们用之衡量一切,制定了带有数百个衡量指标的仪表板,并形成了"能衡量的就能完成"的管理学派。在组织中使用平衡计分卡的一种更有效的方法是把它们想象成俄罗斯套娃。每个人(或机构)都应该有自己的计分卡,将不同的计分卡分别给老板和下属——每个计分卡都很简单。

同样,对于新创企业或新项目,指标应该少、简单和令人印象深刻,正如"衡量驱动行为"管理学派的观点那样。最佳方法可能是列举12个令人印象深刻的衡量指标,每个视角有3个指标。一个真正出色的计划甚至可能促成最终的成功,当目前指标很容易达成或已经过时,突出将推广的那些新指标(如奈飞公司从邮寄 DVD 准确性的指标,转变为服务器宕机指标等)。

找到令人印象最深刻的指标的方法是首先基于4个视角提出数十个可能的指标。从仪表板上删除所有指标,然后审慎地将它们一个接一个地添加回去。就像奥斯卡高端 VIP(贵宾)派对上傲慢的保镖一样,你必须做出决定:如果只添加一个指标,你应该选哪个指标?如果只添加两个指标,下一个应该添加哪个?以此类推。这是一种很好的方法,可以发现哪些指标最有助于你所提出的商业方案的成功。

你可以从罗伯特·卡普兰和戴维·诺顿在《哈佛商业评论》的文章中找到更多关于平衡计分卡的信息。如《诺顿:平衡计分卡——驱动绩效的衡量标准》。

平衡计分卡（或任何其他类似方法）提供了一个"数据流"。有时候，一个新创企业需要用数据来量化。这有点像开车时速度和目的地的区别。你只需在定位程序中输入你的目的地（一堆数据），然后每隔几分钟观察你的速度（一堆数据），你就可以到达那里。最常用的数据是净现值（NPV），我们马上讨论净现值的袖珍版。

袖珍版净现值模型

净现值是一种给一个计划或一个企业计量财务价值的工具。公司财务部门的人可能会更详细地解释它。但是，我将提供一个简单介绍、一个公式和一个方法，以便在不纠结细节的情况下取得一个很好的结果。你可以把它看作净现值的袖珍版，而不是完整版。我们的目标是对不同的选择给出一个粗略的财务价值，以帮助进行比较。净现值方法背后有四大原则。

- 任何事物的价值都是它未来现金流的价值。例如，假设你是一个街角商店的老板，希望在商店前面增加一个货架来出售新鲜的椰子。"添加椰子货架"这项建议的价值是所有未来出售椰子的现金流的总和。第一年、第二年、第三年的现金流通常分别用 CF_1、CF_2、CF_3 表示。
- 未来的现金不如现在的现金值钱。如果一个欠你 100 英镑的朋友今天把钱还给你，你把钱存入银行，一年内你可能会获得 3 英镑或更多的利息。如果你的朋友等了整整一年才还你钱，你就赚不到利息了。因此，未来的 100 英镑对你来说不如现在的 100 英镑值钱。少多少钱？我们使用贴现率，通常标记为 r，使现金流从未来回到今天。这个 r 是对你创业风险的衡量。创业风险越大，你未来现金流的风险就越大，贴现率也就越高。回到前面的例子，你比你的朋友承担更多风险，债主比负债人风险更大！

- 大多数创业都需要前期投资。在椰子销售的例子中，你可能需要购买一些胶合板，雇一个木匠来制作一个坚固且能吸引顾客的架子，并准备一定的椰子库存。我们将这一初始现金支出标记为 K [资本（capital）的缩写]。
- 任何超过五年的预测都是不可靠的。我们几乎不可能准确地推算出现金流。此时我们计算一个最终价值（TV），它是之后所有未来现金流的折现价值，假设从第五年开始之后现金流不会发生变化。

此时，任何公司的财务人员都可以很容易地花费几个小时或几天，用下面的公式计算出任何一种方案的精确价值：

$$\text{NPV} = -K + \sum_{n=1}^{5} \frac{CF_n}{(1+r)^n} + \frac{TV}{(1+r)^5}$$

让我们花几分钟来画一幅图,而不是深入研究这个计算公式。假设你已经为公司制定了三个方案,从现在开始进行财务评估,试图计算出每一个方案的净现值。在你拿起笔记本电脑并打开电子表格之前,先拿出笔和纸,试着在视觉上对比一下不同方案下净现值的形状(图9-3)。

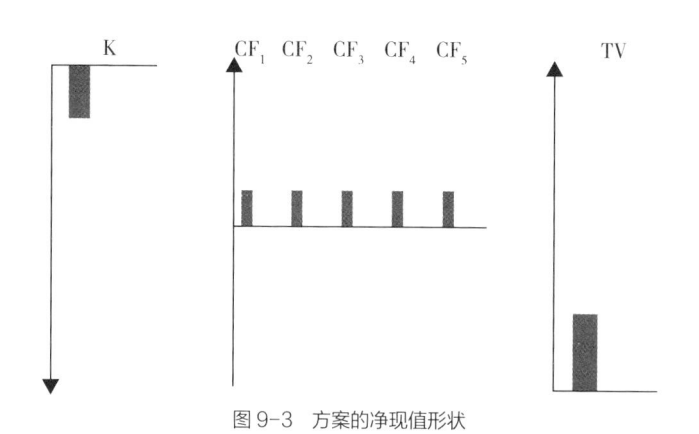

图9-3 方案的净现值形状

例如,我们从方案 A 开始,你首先画出初始投资,然后是现金流,最后是最终价值。粗略估计五年后终值的一个方法是问你自己,在那个时候别人可能愿意为你的方案支付多少钱。

你画好了第一个方案的图片后,请转向方案 B(之后是方案 C),问自己三个问题。

- 第二个方案的初始投资与第一个方案的初始投资相比如何?是更大,还是更小?你是在比较方案 B 和方案 A 之间的相对数量关系，而不是绝对数量。绝对数量很难找到，而且很可能是不正确的。方案之间的相对关系更容易比较，真实性也更高。
- 两种期权的现金流有什么不同？再次强调，与其直接用数据，不如用一个数量级，然后直观地记录下来。现金流是一样的吗？用两倍、三倍、十倍等数量级进行衡量。
- 最后，对终值做同样的处理，不要问方案 B 或方案 C 的终值是多少，而要问不同方案的终值之间差多少。

给定方案的图片是非常传统的，还是有什么地方看起来不符合你的设想？我们是在第三年追加投资，还是在某一时刻（通过出售执照或类似的方法）获得巨大回报，然后现金流再次下降？通过一些练习，如图 9-4 所示，利用简单的视觉效果可以帮助团队理解未来五年每个方案的具体情况。你会问自己一些关于公司业绩的问题，而不是担心具体的财务状况，因为这是将来才可以确定的事情。当完成时，你将获得一些不包含实际具体数据的内容，但这些图片可以在不同方案之间提供丰富的视觉对比。

假设你能获取一些数据。例如，你知道方案 A 的初始投资在 200 万美元左右。从图 9-5 中可以看出，方案 B 的初始投资大概是 1 200 万美元，方案 C 的初始投资大概是 500 万美元。

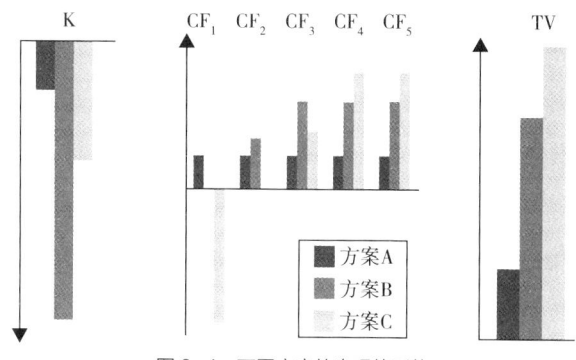

图9-4 不同方案的净现值形状

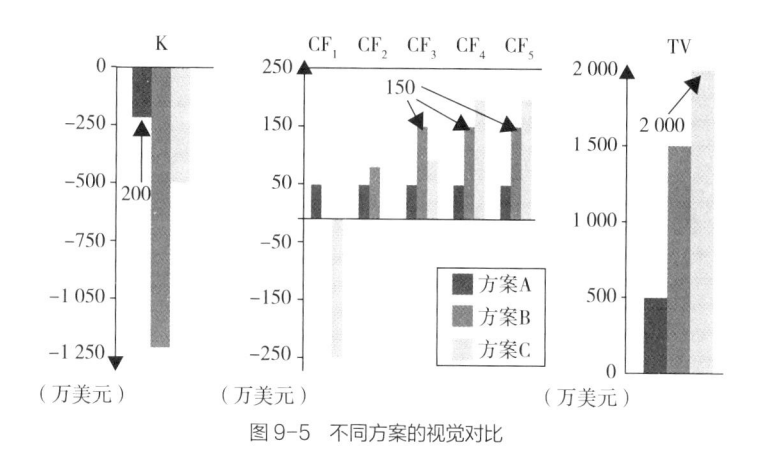

图9-5 不同方案的视觉对比

同样，如果你很确定从第三年开始，方案B现金流约为150万美元，那么对于方案B和其他两个方案，你可以量化剩下的现金流。终值也是同样的处理方法。我们不是从关注每个方案的所有净现值的实际值开始，而是首先在它们之间创建一个可视化的比较。只有当我们完成了这幅图，我们才能用能够获得的有限数据来锚定它。

你最终得到的是每个方案的视觉效果。它们如何开始,如何发生,如何结束。在使用电子表格之前,最好先真正了解业务将会发生什么。一个常见的错误是,花大量时间创建一个电子表格,输入所有的数据,然后意识到你没有真正考虑过实际业务的潜在特征,这就有些太晚了。所以这个袖珍版净现值模型方法的要点是你在拿出笔记本电脑之前先拿出一张纸。

对于那些感兴趣的人,下面的表格以数字形式呈现了我们迄今为止绘制的所有图片。表9-1包含这三个方案中每个组成部分的净现值。表9-2计算了在四种不同的贴现率下每个方案的净现值。

表9-1 三个方案中每个组成部分的净现值

组成部分(百万美元)	K	CF_1	CF_2	CF_3	CF_4	CF_5	TV
方案 A	2	0.5	0.5	0.5	0.5	0.5	5
方案 B	12	0	0.7	1.5	1.5	1.5	15
方案 C	5	−2.5	0	1.0	2.0	2.0	20

表9-2 在四种不同的贴现率下每个方案的净现值

净现值(百万美元)	5%	10%	15%	20%
方案 A	4.1	3.0	2.2	1.5
方案 B	4.1	1.0	−1.4	−3.3
方案 C	12.4	8.5	5.6	3.3

首先，如果这三个方案的风险相同（即有相同的贴现率），那么方案 C 总是最好的，方案 B 总是最差的。这个袖珍版净现值模型得出的第二个结论是，如果方案 A 在财务上比方案 C 更好，那么它的风险必定要低得多。只有当方案 C 风险太大，有 20% 的贴现率，而方案 A 更为安全，有 5% 的贴现率时，方案 A 的净现值才会更高（410 万美元对 330 万美元）。我们可以得出结论，如果方案 C 风险中等，那么它就是三个方案中最好的，净现值在 500 万 ~ 1 000 万美元。

我们刚刚经历了耗时短、高度可视化和轻数据的袖珍版净现值模型流程。它的结果是简单清晰的数据，可以对多种方案进行财务评估。平衡计分卡上面令人印象深刻的指标会告诉你，为了让你的计划获得成功，你应该专注于什么，而袖珍版净现值模型则会在成功的情况下为你提供相应的奖励。

要将两者联系起来，通常需要一整套假设和某种模型。这在理论上很难单独表现出来，所以让我们用一个简单的例子来说明。我们将展示相同的例子和练习，同时联系上文中令人印象深刻的指标、基本模型和袖珍版净现值模型。

简单的数据例子

除了提供住房、有趣的经历和餐厅服务，让我们假设爱彼迎现在正在考虑增加第四项服务："爱彼迎好友"功能。"爱彼迎好友"功能可以帮助人们在目的地遇见在文化、生活、商业等方面有相似品位的人。为了获取成功,这个令人印象深刻的衡量指标应该是什么呢?对于不同类型的服务,袖珍版净现值模型会是什么样的?

顺便想一下,爱彼迎为什么要推出这样的服务?如果全世界的政府开始限制短期租赁,这项服务或许会成为一项新的收入来源,或者,让游客到一个城市使用"爱彼迎好友"功能,也可以更好地补充支持爱彼迎其他现有的服务板块。

例如,巴黎每年接待4 000万名游客,爱彼迎会提供5万个房源。即使每家民宿每年都接待60名不同的游客,使用爱彼迎的游客数量也只占巴黎游客总数的8%。让游客先使用"爱彼迎好友"这一功能(又名"爱友",缩写为"AF"),可能会很好地补充和支持爱彼迎的核心业务。"爱友"最初的平衡计分卡可能如图9-6所示。

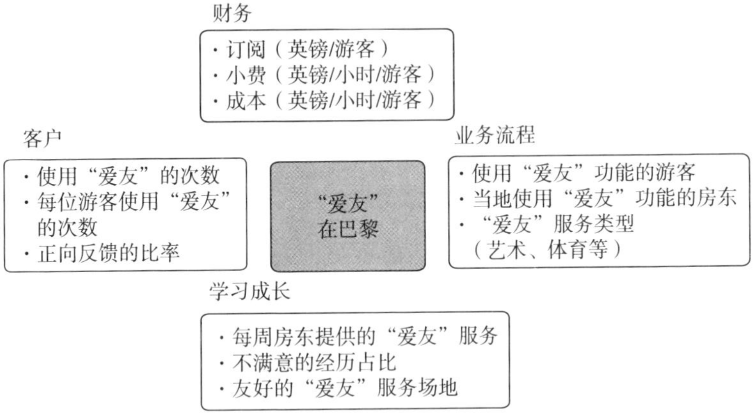

财务
· 订阅(英镑/游客)
· 小费(英镑/小时/游客)
· 成本(英镑/小时/游客)

客户
· 使用"爱友"的次数
· 每位游客使用"爱友"的次数
· 正向反馈的比率

"爱友"
在巴黎

业务流程
· 使用"爱友"功能的游客
· 当地使用"爱友"功能的房东
· "爱友"服务类型
  (艺术、体育等)

学习成长
· 每周房东提供的"爱友"服务
· 不满意的经历占比
· 友好的"爱友"服务场地

图9-6 "爱友"在巴黎的平衡计分卡

更进一步，我们模拟了"爱友"在巴黎大概需要多少名当地的志愿者来满足潜在用户的需求。对于爱彼迎的当前业务，有很多模型变量（平均每年有多少人访问爱彼迎的页面，平均有多少游客一起旅行，平均有多少房屋可以独立管理，等等），对"爱友"未来来说也同样需要一些模型变量（使用"爱友"功能的爱彼迎游客比例、每次旅行中使用这一服务的频率等）。

然后我们再看供给端的情况，设想两个阶段：游客只能与爱彼迎的房东见面，或者他们也可以见到志愿者（也就是说在巴黎的任何人都可以成为志愿者）。

为了让两件事情变得清楚，下面将粗略地进行模拟。首先，即使游客的热情很低（10%的人使用爱彼迎，每次旅行中只使用两次），能遇到的爱彼迎房东也远远供不应求，"爱友"将不得不依赖于外部的志愿者。

其次，根据一个非常粗略的估算，所需的志愿者人数大概是该地区爱彼迎房源数量的5%，这意味着仅在巴黎就需要2 500多名志愿者。这个简单的模型表明，"爱友"要想成功招募足够多的志愿者，需要付出很大的努力（表9-3）。

简单的数据练习：如何利用爱彼迎交朋友

现在，你已经熟悉了虚构的"爱友"功能的提议，让我们围绕几个执行方案构建一个袖珍版净现值模型。

为了简单起见，假设你是"爱友"功能的创始人和首席执

表 9-3 "爱友"在巴黎的需求与供应

"爱友"在巴黎	需求	供应 1 爱彼迎房东	供应 2 "爱友"志愿者
爱彼迎房源总量	50 000		
平均每套爱彼迎房源接待的入住次数	30		
平均每次入住接待的爱彼迎访客数	2.0		
爱彼迎的访客总量	3 000 000		
使用"爱友"的所有爱彼迎访客占比	10%		
平均每位"爱友"用户的使用经历次数	2		
所有访客使用"爱友"服务的总次数	600 000		
平均每位爱彼迎房东提供的房源数		1.25	
提供"爱友"服务的所有爱彼迎房东占比		10%	
提供"爱友"服务的爱彼迎房东总数		4 000	
每位房东每周提供"爱友"服务的次数		0.5	
每位房东每年平均服务的星期数		25.0	
每位房东提供"爱友"服务的次数		12.5	
所有房东提供"爱友"服务的总次数		50 000	
所有志愿者提供"爱友"服务的总次数			550 000
每位志愿者平均每周提供"爱友"服务的次数			5
每位志愿者平均每年服务的星期数			44
提供"爱友"服务的志愿者总数			2 500
"爱友"志愿者总数与爱彼迎房源总数的比率			5%

行官，它与爱彼迎没有任何关系，而是一个独立的企业，在当地志愿者与来访的游客和商人之间形成枢纽，组织一些简单的文化交流活动。"爱友"一旦上线运行，就可以与许多平台（爱彼迎、脸书、领英、Bumble 等）建立合作关系，向其会员提供服务。让我们设想三种方案：

- 方案 A：学习一门外语。想要练习一门外语的当地人（外语系学生、有这方面诉求的导游等）会与外国游客见面、喝酒或吃饭，并推荐一些不太知名的当地文化瑰宝。
- 方案 B：建立商业网络。来自某一特定行业（咨询、广告、航空等）的当地专业人士会见来自同一行业的外国游客，可能会发现建立国际商务联系的机遇。
- 方案 C：结交志同道合的朋友。结识那些与你相似的当地人。无论你的年龄、性别、职业，作为一名游客，在巴黎的众多志愿者中，总有几个人在背景、文化、品位等方面与你惊人地相似。遇见他们可能会开启一扇友谊之门。

你可以选择通过一个复杂的电子表格模型或一个简单的袖珍版净现值模型来比较这三个方案的财务情况。无论哪种方式，都可以在网上分享你的方案。

第十章
令人信服的故事

在项目末期使用金字塔原理

在"金字塔原理"一章中,我们了解了芭芭拉·明托关于如何讲一个令人印象深刻的故事的宝贵建议。当需要在项目的最后讲述一个令人信服的故事时,金字塔结构是最好的选择。

请记住,金字塔原理可以用于任何项目的起始:在开始时,从混乱中厘清思路;在结束时,坚定地支持你的提议。

在项目的末尾和项目的开始应用金字塔原理的一个很大的区别是,在项目的最后每张便利贴上都没有"如果"这个词,因为在项目的结束阶段,我们有数据,我们可以断言结果。相比之下,在项目的开始阶段有很多"如果",因为此时我们没有任何数据,我们唯一能做的就是通过假设性推测来厘清结构。如果 A 为真,B 为真,C 为真,那么上层的 D 就会为真。

在项目末期使用金字塔原理的规则

芭芭拉·明托提供了 5 条规则，以确保你在项目末期进行有说服力的陈述，我们将依次讨论每一条规则。

1. 以金字塔的形式组织你的想法。
2. 自上而下地表达你的想法。
3. 金字塔中的思想必须遵守三个子规则。
（1）每一层次的想法都是下面分组的想法的总结。
（2）每一组的想法都是归纳推理或演绎推理的一部分。
（3）每一组的想法都是按照推理顺序进行排列的。
4. 确保垂直关系有效。
5. 确保水平关系有效。

随着时间的推移，你会熟练掌握它们。现在，让我们进一步深入了解每一个技巧。

1. 以金字塔的形式组织你的想法

这意味着让你的演讲看起来像一个金字塔的形状，金字塔通常是在每个模块的下面放两个或三个模块，并继续向下，这也是这种方法名字的由来。一个大的模块在顶部，3 个在下一层，再下一层有 9 个，之后是 27、81、243，等等。项目和演示很少涉及 243 个组成部分，但你已经掌握了要领。在你的演讲中，你会在每一个地方创建一个迷你版的金字塔（上面一个，下面两个或三个）。便利贴是最好的工具，我通常将这些小模块称为"便利贴"。

2. 自上而下地表达你的想法

记住，我们现在处于说服别人的状态，我们知道这个项目的答案，所以我们可以相当果断和自信。举个例子，希腊大会场要求我们查明苏格拉底是否会死。在项目末期，一旦我们确定了答案，最好的呈现方式就是从头开始，清晰地陈述："苏格拉底是会死的。"细节可以稍后提供，以支持这个主要观点。

3. 金字塔中的思想必须遵守三个子规则

第一个子规则是"每一层次的想法都是下面分组的想法的总结"。

我们把主要观点分成支持它的子观点。你可以看到我们在"苏格拉底是会死的"的主要结论下面加上了"人是会死的"和"苏格拉底是人"的子观点（图10-1）。顶部想法显然是对下面想法的总结。

第二个子规则是"每一组的想法都是归纳推理或演绎推理的一部分"。

苏格拉底的例子是一个建立在演绎推理基础上的小金字塔。主论点"苏格拉底是会死的"，是从下一层次的观点中推理出来的。因为"人是会死的"，并且"苏格拉底是人"，因此"苏格拉底是会死的"。我们需要在项目的末尾，利用已经掌握的事实，以这种方式陈述构成金字塔的小模块。我们现在知道男人是会死的（比如，我们参观了停尸房后得出这个结论），我们现在也知道苏格拉底是一个男人（比如，我们团队的一名成员采访了他去的健身房的两名成员）。这些事实的结合让我们可以推断出上面的答案："苏格拉底是会死的。"

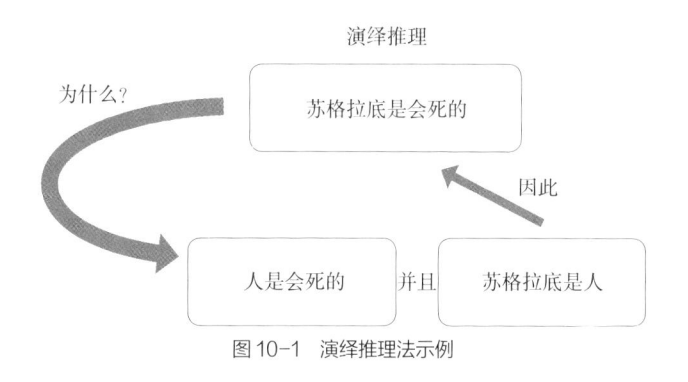

演绎推理

为什么？

苏格拉底是会死的

因此

人是会死的　并且　苏格拉底是人

图 10-1　演绎推理法示例

现在，让我们通过"印度是全球企业的好去处"这一论点，用归纳推理法来构建一个小型金字塔。我们怎样才能把整个陈述分解成各个部分，从中归纳出我们所寻求的答案呢？

我们总结出以下 3 个小论点："日本企业在印度的投资是成功的""德国企业在印度的投资是成功的""美国企业在印度的投资是成功的"。一旦我们得到可以支撑这 3 个陈述的数据，并且得到与预期一致的结果，我们就可以通过归纳推理法得出结论，即"印度是全球企业的好去处"（图 10-2）。

你会注意到归纳推理法比演绎推理法的要求更为宽松，所以也更可能有一些分歧。

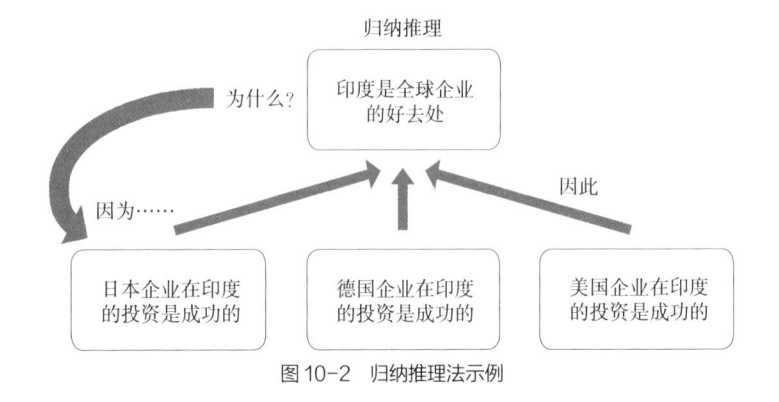

```
                    归纳推理
                ┌──────────────┐
                │ 印度是全球企业 │
      为什么?    │   的好去处    │
    ╱           └──────────────┘
   ╱              ↑    ↑    ↑
  │  因为……                    因此
  ↓
┌──────────┐  ┌──────────┐  ┌──────────┐
│日本企业在印度│  │德国企业在印度│  │美国企业在印度│
│的投资是成功的│  │的投资是成功的│  │的投资是成功的│
└──────────┘  └──────────┘  └──────────┘
```

图 10-2　归纳推理法示例

我们有这两种推理方法的原因是，有时演绎推理法对于一个给定的问题是不适用的。

第三个子规则是"每一组的想法都是按照推理顺序进行排列的"。

这有些主观，它是一条关于讲故事的规则。在我们应用归纳推理法的例子中，如果你向日本观众展示，你可能会以"日本企业在印度的投资是成功的"开头，而如果你向德国观众展示，你可能先从德国企业开始。每个同一水平的分组的推理顺序是，你从左边（主观地）最重要的模块开始，然后把另外两个放在右边，以一种对观众最有意义的方式讲述故事。

4. 确保垂直关系有效

你是怎么做到的？我们已经从上面的两个小金字塔的例子中看到了。你可以使用"为什么""因为""并且""因此"这些词。你创建一个三角形，"苏格拉底是会死的"，为什么他会死?因为"人是会死的",并且"苏格拉底是人",因此"苏格拉底是会死的"。这四个词——"为什么""因为""并且""因此"——构成了不同水平的分组之间的垂直关系。

5. 确保水平关系有效

你要怎么做呢?在演绎推理中,第二个论点的论述对象的范围是包含第一个论点的。"苏格拉底是人""人是会死的",人包含了苏格拉底,所以这是有效的。在归纳推理的论点中,它同样确保了包含关系。"来自许多不同国家的企业在印度都投资成功",所以这也是有效的。

小结

现在我们已经介绍了5个简单的规则,你需要遵循这些规则,才能在项目末期将金字塔原理运用到你的工作中。当然,你也可以提前使用一些规则,并在项目的初期就开始应用它们。例如,当你在已有论点的基础上再提出一个新论点时,你可能需要尝试演绎和归纳的推理方法,从而找到构建论点的最佳方法。一开始遵循这些规则是很有用的,在项目的最后遵循这些规则对于你的故事的说服力是至关重要的。

整个项目中都使用金字塔原理的例子

下面你将看到哈雷·戴维森公司的例子,它在项目的初期和末期都使用了金字塔的逻辑结构。你会注意到，唯一的区别是项目初期的两个关键词是"如果"和"那么"。而如果有数据支持论点，项目最后的关键词就会变成"因为"和"因此"。"如果"和"那么"让故事变得更可信，"因为"和"因此"则让故事更加令人信服（图10-3、图10-4）。

有时，在项目过程中搜集的数据并不支持金字塔的特定论点。例如，假设我们在哈雷·戴维森项目的初期就写了一个论点："欧洲服装市场正在以一个很好的比率增长。"（这是金字塔底部一排左起的第二个论点。）如果我们发现市场增长率实际上是持平的呢？我们最终搜集到的事实虽然与我们最初的论点不一致，但这并不能推翻我们的逻辑。有了这个事实，我们现在可以把最初的市场增长速度由"很好"变成"非常缓慢"。这就把上面的"市场非常有吸引力"变成了"有些吸引力"，顶端观点从"大规模地进入"变成了"谨慎地进入"。

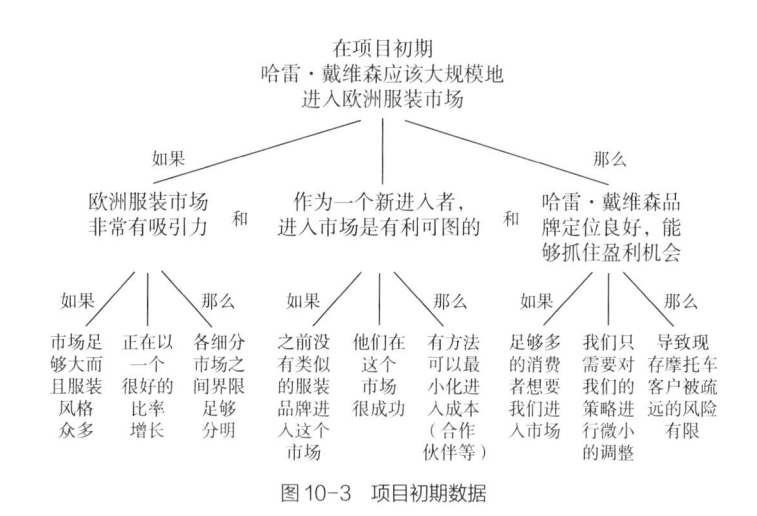

```
                    在项目初期
              哈雷·戴维森应该大规模地
                 进入欧洲服装市场
        如果          │            那么
    ┌────────────┬───────────────┬────────────┐
  欧洲服装市场        作为一个新进入者，     哈雷·戴维森品
  非常有吸引力    和   进入市场是有利可图的  和  牌定位良好，能
                                          够抓住盈利机会
  如果  │  那么     如果  │  那么     如果  │  那么
 ┌──┬──┬──┐    ┌──┬──┬──┐    ┌──┬──┬──┐
市场 正在 各细分   之前 他们 有方法    足够 我们 导致现
足够 以一 市场之   没有 在这 可以最   多的 只需 存摩托车
大而 个很 间界限  类似 个市 小化进   消费 要对 客户被疏
服装 好的 足够分  的服 场很 入成本   者想 我们 远的风险
风格 比率 明     装品 成功 （合作   要我 的策 有限
众多 增长        牌进       伙伴等）  们进 略进
                入这              入市 行微
                市场              场   小的
                                      调整
```

图10-3 项目初期数据

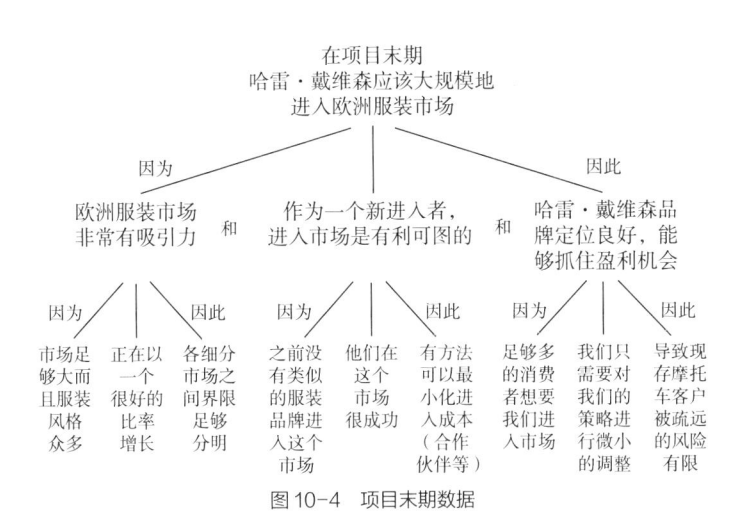

```
                    在项目末期
                哈雷·戴维森应该大规模地
                   进入欧洲服装市场
         因为            │            因此
    ┌─────────────┬─────────────┬─────────────┐
欧洲服装市场        作为一个新进入者，      哈雷·戴维森品
非常有吸引力    和  进入市场是有利可图的  和  牌定位良好，能
                                        够抓住盈利机会
  因为  │  因此      因为  │  因此      因为  │  因此
 ┌──┬──┬──┐       ┌──┴──┐       ┌──┴──┐
市场 正在 各细     之前 他们 有方法    足够 我们 导致现
足够 以一 分市     没有 在这 可以最    多的 只需 存摩托
大而 个很 场之     类似 个市 小化进    消费 要对 车客户
服装 好的 间界     的服 场很 入成本    者想 我们 被疏远
风格 比率 限足     装品 成功 （合作    要我 的策 的风险
众多 增长 够分     牌进       伙伴等） 们进 略进 有限
         明       入这                入市 行微
                  个市                场   小的
                  场                       调整
```

图 10-4 项目末期数据

你会注意到在图 10-5 中，我们只需要改变几个词来调整现有的结构以适应新的现实。最后的建议会因为实际情况而改变，但是最终呈现的结构保持不变。

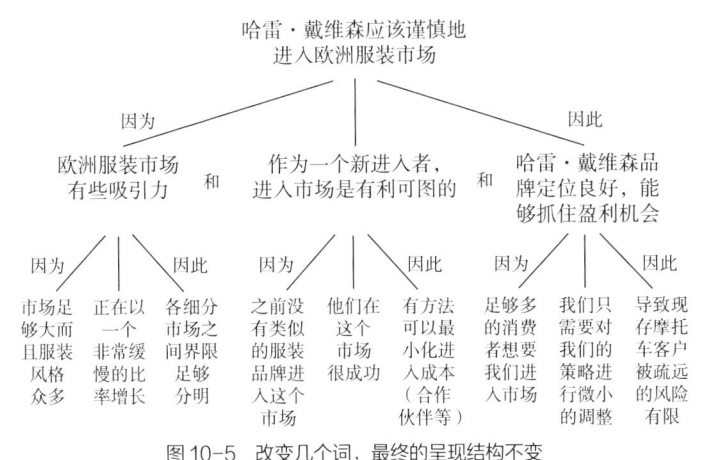

```
             哈雷·戴维森应该谨慎地
                进入欧洲服装市场
         因为            │            因此
    ┌─────────────┬─────────────┬─────────────┐
欧洲服装市场        作为一个新进入者，      哈雷·戴维森品
有些吸引力      和  进入市场是有利可图的  和  牌定位良好，能
                                        够抓住盈利机会
  因为  │  因此      因为  │  因此      因为  │  因此
市场 正在 各细     之前 他们 有方法    足够 我们 导致现
足够 以一 分市     没有 在这 可以最    多的 只需 存摩托
大而 个非 场之     类似 个市 小化进    消费 要对 车客户
服装 常缓 间界     的服 场很 入成本    者想 我们 被疏远
风格 慢的 限足     装品 成功 （合作    要我 的策 的风险
众多 比率 够分     牌进       伙伴等） 们进 略进 有限
     增长 明       入这                入市 行微
                  个市                场   小的
                  场                       调整
```

图 10-5 改变几个词，最终的呈现结构不变

具有战略思维的人能够在任何项目中使用金字塔原理。首先，在页面顶部构建一个有着最理想结果的早期版本（正如我们在"金字塔原理"中所看到的）；然后在数据输入时调整结构中的词；最后，当实际的项目结论和建议出现时，利用这些规则令人信服地提出自己的观点。

一个好的金字塔就像一把瑞士军刀，对你的旅行探险来说是一个多功能的完美工具。让我们来看看在音乐行业如何通往成功。让我们假设有一家音乐公司，环球唱片、华纳兄弟或索尼，想要在圣诞节期间确保自己公司的音乐位居排行榜第一名（图10-6）。

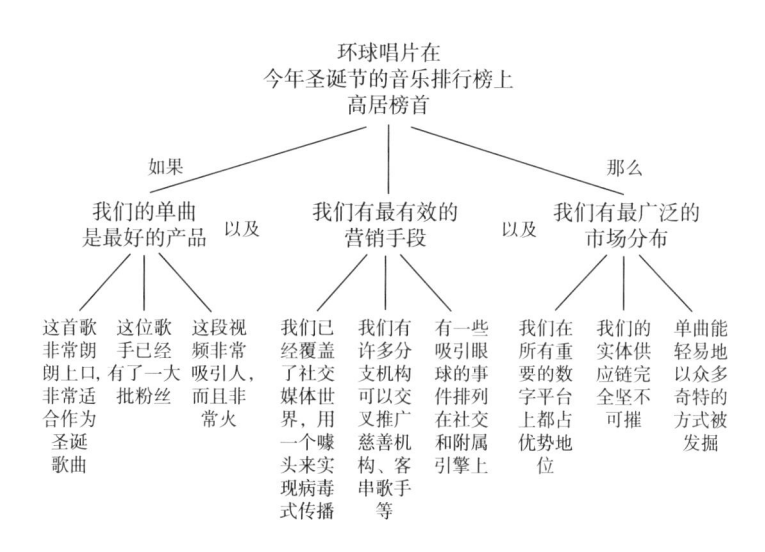

图 10-6　环球唱片对金字塔原理的应用

正如你所想象的那样，许多以热门作品为导向的行业（电影、时尚、音乐、制药、出版等）总是致力于产生新的热门作品。金字塔原理是一个很好的方法，可以在项目的初期应用这一原则，以确保在恰当的时机取得成功。现在，你肯定对为了实现你想要的结果而所需的任务、资源和过程有了一个更好的认识。

以上的解决方案是在我的一次现场培训中，由4个完全没有音乐行业专业经验的人在45分钟内总结出来的。无论是在项目初期（尝试并获得成功）还是在项目末期（解释为什么以及如何获得成功），都非常有说服力。请注意，金字塔原理并不能保证在圣诞节一定达成目标。然而，它确实提供了一个很好的框架来安排投资（在社交媒体、视频、实物分销等方面），并解释你将如何实现你想要的结果。

任何对音乐有过短暂兴趣的人，对这种练习应该不会感到太难。为什么不在几周的时间里尝试另外一个逻辑框架（不要重读上面的段落）？如果你在另外一个受流行音乐驱动的行业工作，或者是在电子游戏、应用软件、咨询产品等行业工作，问问自己如何才能在你的行业中获得第一名。看看你能否利用金字塔原理对它进行定制来讲述令人信服的故事。

广告界的自信气势

战略性问题的形式和规模各不相同。它们唯一的共同特点是都关注未来，以及往往数据都是不可靠且缺乏的。在这种情况下，说服第三方支持你的观点并非易事。

到目前为止，我们已经看到了有效的关键词（神经语言程序学、10种说服他人的方法），简单的数据［令人印象深刻的指标、袖珍版净现值模型和好的故事结构（金字塔原理）］的重要性。最后一个将这一切联系在一起的因素就是广告界的自信气势。

广告界是广告业及其所有组成部分的简称。例如，想要增加特定产品曝光率的营销总监以及制作精美视觉效果和妙语连篇的广告创意公司，以及在多种通道上购买播放时间和版面，以便让广告到达目标受众的媒体公司等。

广告界的任务是劝服听众，它所做的一切就是说服人们相信一个信息，通常这个过程是快速的，有时是反复的。它提取了一些简单的成功法则，可供我们借鉴。在两秒钟内在照片墙上吸引一个青少年的注意力，与花几个小时或几个月说服公司里的一个由中年人构成的董事会不同，但有些技巧是相同的。

我将分享3个最有效的方法。

三词总结

用三个词概括的想法具有很强的可传递性。我们的同事、客户或老板不需要用完整的潜在业务案例来传递消息。他们可以重复这三个词。正如在神经语言程序学那一章你了解到的那样，这将对听觉型客户和动觉型客户特别有效，因为三词总结可以在与他人聊天时随口分享，例如，可以是面对面地分享，或者通过协作工具 Slack（企业聊天工具）、微软团队、瓦次普等来聊天进行分享。

许多行业已经将"三词总结"作为一种谈论新想法或现有主张的方式。广告界喜欢三个词的广告语，例如："尽管去做"（耐克）、"吮指回味"（肯德基）、"世界上最棒的航空公司"（英国航空）等。风险投资行业和科技界经常用几个字来概括新创企业，例如："遛狗"（优步）、"停车场"（爱彼迎）、"随时可用"（Meds）等。这使人们很容易记住这些企业的全称。电影行业同样也会用非常精准的词语来概括正在上映的电影的核心内容。有时，电影会以这些简明扼要的总结进行命名，比如《飞机上的蛇》或《携枪的流浪汉》。在任何情况下，三个（或四个）词的总结都可以帮助你提取展示内容的精华部分，并使其令人难忘。

简单的视觉展示

一图胜千言。甚至在意识到超过 1/3 的人有强烈的视觉偏好之前，我们就知道这一点。这意味着这种表达方式对他们来说非常实用。

当新概念伴随着简单的视觉效果时，人们就会更容易接受这一概念，受众也会更广。波特的五力模型符合这一标准，过山车式战略思维也是如此（希望如此）（图 10-7）。

我最近的一个客户想让她的几千名员工相信，他们所做的一切事情都应以客户为中心,这是有价值的。以客户为中心,不是光说不做。这位首席执行官有一个出色的、受众广泛的、理由充分的论述,她把她的观点陈述给每一位员工。她解释了这种观点转变的基本原理,强调了新的程序应该如何执行,程序执行之后每个人的利益模型将会是什么样的。她用以下两个图来结束每一次谈话,令人难忘,胜过千言万语。

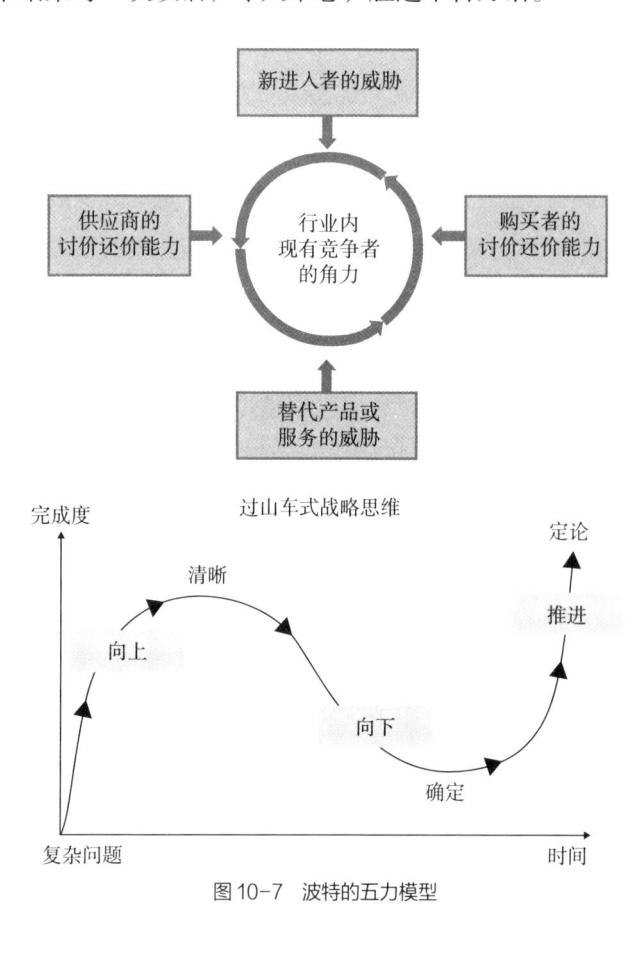

图 10-7 波特的五力模型

以产品为中心　　　　以客户为中心

两则逸事

商业文件很快就会变得乏味，比如 Excel、法律免责声明、管理演讲。你很容易忽视这样一个事实：你正试图说服其他人支持你，并采纳你的团队所制定的建议。在这个过程中，加入一些逸事会让你的故事更吸引人。

想象一下，你正在帮助一位投资者购买一家英国足球俱乐部的股份，他们想知道营业额和在英格兰足球超级联赛中取得成功之间的关系。你会搜集大量的历史数据分析，并可能在智能散点图上显示趋势线。它会更令人信服，有定性影响，更人性化。简单以受人喜爱的权威人士加里·莱因克尔为例（图 10-8）。

在许多商业环境中，最好选择你的客户、员工或竞争对手，而不是名人。选择几个有代表性的人，在你陈述观点的文件中添加一个人的面部照片。只选择一个人有点冒险，因为可能有一些你没有意识到的具体问题使他们不具有代表性。相反，选择三个人可能会带来太多不同的观点，从而稀释你的信息。因此，选择两个人是最好的。

"在过去的三年里,英超前五名球员都流向了最富有的俱乐部。"
——加里·莱因克尔
英国广播公司权威人士

图像©大卫·J.霍根
盖蒂图像公司

图 10-8　加里·莱因克尔

小结

我自己的小结是:一个视觉,两个人,三个词。

最后,如果我们不提到音乐、色彩、复述等,广告界的自信气势就不完整了。广告专家使用了许多技巧来吸引我们的注意力并获得我们的认可。这些都超出了本书的范围,但我希望你能够通过浏览大卫·奥格威、约翰·海格蒂或赛斯·戈丁的作品,自己去探索。

针对令人信服的故事进行练习:如何使组织具备战略性

想象一下,你的任务是让你的组织更具战略性。在这个练习中,你的组织可能是一个 10 人的团队、一个有 100 名员工的创业公司、一个有 1 000 名顾问的咨询公司、一个有 10 000 名志愿者的非政府组织，或者一个有 10 万多名员工的跨国公司。

你提交建议的时间范围取决于这个组织的规模和专业程度，从几天到几个月不等。不变的是，你将有 4 种方法来解决问题：专家方法、分析方法、创造性方法和战略性方法。

专家方法是你邀请一些外部专家，根据标准和方法体系选择一位专家，并请他规划未来的道路。

分析方法是对相似的组织进行基准测试，与内部利益相关者进行访谈等，并分析所有数据，经过深思熟虑慎重地得出解决方案。

创造性方法是将一些人聚集在一起，迅速想出几个可能的方法途径，使你的组织更具战略性，然后让人们仔细考虑每个方案，最终根据偏好与逐渐形成的共识选择他们最喜欢的方案。

最后，还有一个战略性方法：我在本书中建议的过山车式方法。从"向上"驱动开始，快速生成一系列方案，然后是"向下"，将这些方案暴露在严酷的现实中（文字、数据、行动），最后用"推进"包装你的推荐方案（图 10-9 至图 10-11）。

在一些组织中，你可能会制作一份 50 页的 PPT（演示文稿）来支持你的观点，而在另一些组织中，三个词的口号可能是首选的演讲方式。如果你回顾过去几年苹果公司的公开演讲（史蒂夫·乔布斯和蒂姆·库克），你会注意到他们最喜欢的演讲风格是用几张简单的幻灯片来说服观众，每张幻灯片上都有一张被放大的照片和一个被放大的数据。与此同时，亚马逊的做法是写一份六页纸的叙述性备忘录、一份一页纸的执行摘要（基于文字）、一个指标计分卡（基于数据）、一个有 27 个模块的金字塔（基于故事）。

请分享你的回答。按照个人喜好随意使用尽可能多的神经语言程序学、10 种说服听众的方法、袖珍版净现值模型、令人印象深刻的指标和广告界的自信气势！

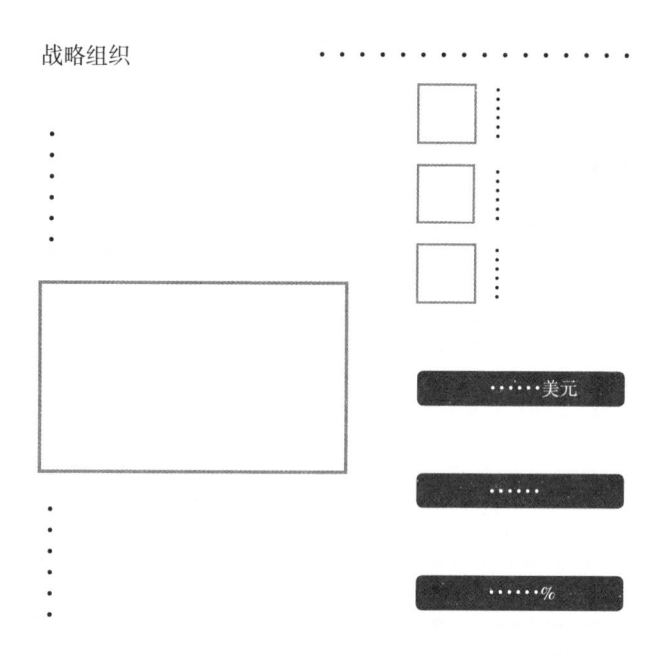

图 10-9　战略组织方案 1
引人入胜的演讲练习：三张幻灯片

图 10-10　战略组织方案 2

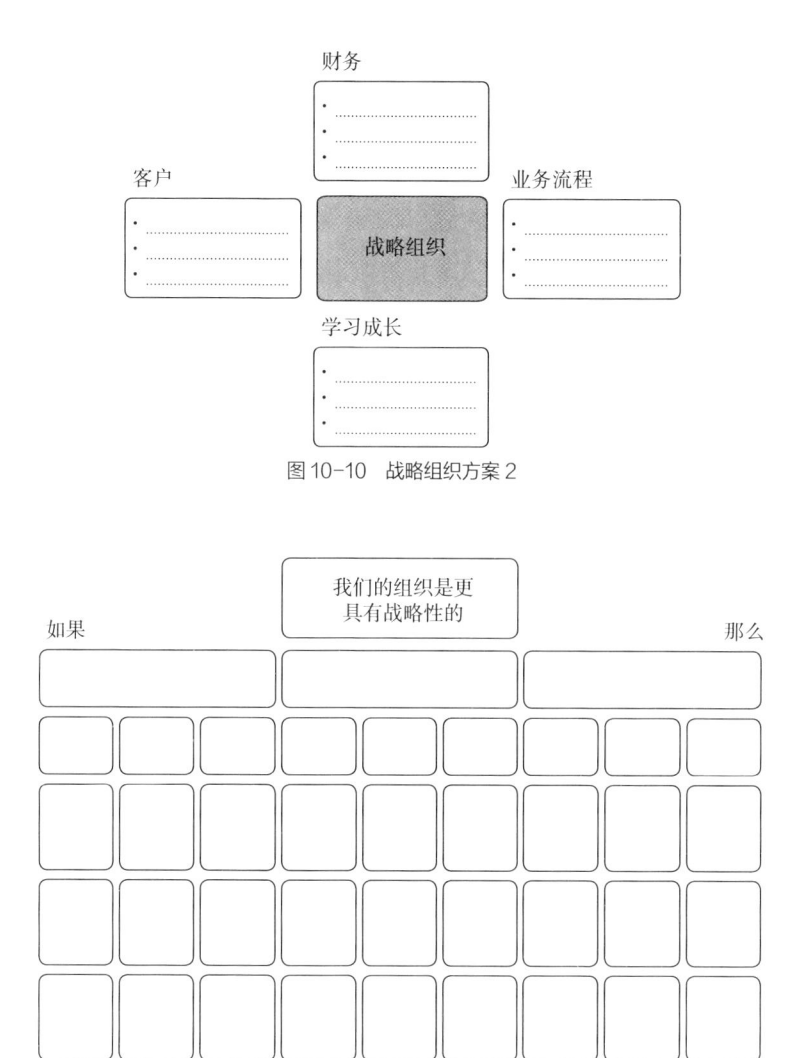

图 10-11　战略组织方案 3

第十章　令人信服的故事

第五部分

战略思维者如何不断精进（"重复"）

本书即将结束。无论你是否已阅读过每一章，现在你都拥有了新的见解、新的思维方式，并掌握了广泛的工具集。

该见解就是有 4 种解决问题的方法，而战略性方法是最重要的，也是最少实践的方法。新的思维方式是，解决战略问题需要你通过"向上""向下""推进"三个阶段来应用战略思维。广泛的工具集由过山车式方法每个阶段的多种技术组成："向上"阶段的金字塔原理、快乐线和突变游戏；"向下"阶段的收益表现、场景分析和精益创业；"推进"阶段的神经语言程序学、令人印象深刻的指标和广告界的自信气势等。

放下书后，你就该将其应用于你的生活和工作中了。这里有 5 个建议，以确保你能坚持学习。

- 把每一章内容付诸实践。我们很容易把一本书从头到尾读完而忽略练习。既然你快要读完本书了，现在是时候回顾自己的足迹，并抽出时间练习，学以致用。
- 找到一个可以一起练习的"伙伴"。每一篇关于新技能学习效率的研究都强调了学习伙伴的重要性。建议把这本书送给你敬重的人，并承诺互相检查对方针对练习的解决方案，比较所使用的技巧等。
- 读更多的书。从比尔·盖茨以来，有许多十分优秀和成功的首席执行官强调了阅读充满智慧和思想的商业书的重要性。不一定每天都要阅读，但至少偶尔阅读一次。确保你的办公桌上始终有一本翻开着的这类书。
- 仔细思考下一章的 5 个技巧。这 5 个关键提示可以帮助你更有战略性地思考问题。我从 30 多条建议开始，把最没用的一条一条地剔除，只剩下绝对重要的一条。
- 准备好迎接高效技巧吧。这本书聚焦于为你提供一系列的战略思维的实用方法。当你开始在生活和工作中应用时，你会很快看到结果。当风险变大时，你将会需要解决高端问题的技术。谷歌可以帮你，《哈佛商业评论》也可以，你还可以在本书的网站上找到更多有用的资源。

以熟练的战略思维方式解决问题非常像学习一种新语言。前几章为你提供了一些专业方法和很多新词，最后一章会引导你了解每天使用战略思维的人在思想文化中的一些关键领悟。

第十一章
战略思维的五个关键提示

提示 1：第三种解决方案通常是最好的

为什么想到的第一个想法通常不是最好的？我不知道为什么。我只能说，回顾过去几年来获得最终解决问题方案的途径时，我经常注意到，最初的几个答案或选项很少是成功的。也许你也注意到了这一点。

但是，这仅在所涉及的问题具有战略意义时适用。对于可以利用专业知识解决的问题，专业人士的首选通常是非常好的。那就是专业知识的定义！如果问题稍微复杂，并且两位专家为争论提出了两种不同的角度或选项，那么他们可能会在中间立场上达成共识，也就是第三种解决方案。为什么问题复杂了，早期的选项就不如后来的选项好呢？

我们在"神经语言程序学"中看到，不同的表达方式偏好会影响人们处理信息的能力。神经语言程序学带来的另一个见解是，我们与自己进行的内心对话也会影响我们解决问题的能力。

想象一下你在寻找一个问题的解决方案，并且刚刚找到了一个方案。你内心的声音会不停地与你对话。A 说："做得好，你真是个好人，收工吧。"B 说："这是一个好的开始，那么接下来还会发生什么呢？"C 说："这可能不是答案，这对你来说太难了，你找不到其他答案。"

这种内心对话与脑海里有一个教练或一群天使和魔鬼坐在你肩上没有什么不同。教练 A 高度积极，教练 B 消极一点儿，教练 C 十分挑剔。从解决问题的角度来看，一方面，A 和 C 这两个极端都不是最优的。尽管它们的意图完全不同（强烈赞扬与强烈批评），但这两种方法都可能使你停止寻找更多方案，让你不满意或沮丧；另一方面，教练 B 可以称赞你迄今为止所做的努力，并为你带来一点点紧张感，以激励你继续努力。

无论内心对话是不是无意识的，现在人们对神经语言程序学的发现之一就是认识到实际上我们每个人都可以控制它。认知行为疗法是过去 30 年来最成功的疗法之一，其作用远不止于此。略微改变自己使用的词语，继而略微改变一个人的心绪、经历、行为和心境。此反馈循环通常对有体象障碍、上瘾、焦虑、抑郁等病症的人非常有效。相比之下，解决焦虑是一个非常简单的问题，改变与自己的内心对话来获得更积极的结果会更加成功。它不能保证你能找到解决方案，但这是一个好的开始。

想要当场提高你解决问题的战略能力,可以在你的内心对话中使用一个很好的句子:"这个问题的两种截然不同的解决方案是什么?"

问自己"这个问题有两个不同的解决方案吗"可能会让你犹豫、怀疑,回答"我不知道"等。用"解决这个问题的两种不同解决方案是什么呢"会让你将面临的战略问题视为可以解决的难题,而不是一个巨大的黑洞。前提是存在两个这样的方案,而这些都只需要被发现即可。就像寻找复活节彩蛋一样,一旦你遇到第一个选项,这不意味着你的内心对话取得了成功,只是庆祝发现了第一颗彩蛋,然后需要继续寻找更多。

一旦完成,接下来要做的就是告诉自己:"第三个解决方案通常是最好的。"为什么?首先,这将重新激活你和你的大脑,促使你做更多的工作,并找到第三个出色的解决方案。其次,你的多年专业经验会告诉你,有许多最优解决方案最终是介于已有的两种极端方案之间的,因此,第三种解决方案通常是最好的。最后,你还有一个更强有力的理由告诉自己:"第三个解决方案通常是最好的。"当你面前有三个选项时,我不能保证第三个解决方案实际上是最好的。不过,我可以保证的是,届时你将彻底知晓一个事实,即选项在我们周围到处都有。如果是这样,那么存在第四个等待被发现的好主意的可能性是多少?很好。值得我们再花一点时间去寻找。

大多数人需要一段时间才能接受一个现实,那就是他们会想到的任何复杂问题的前几个选项可能不是最好的。但是,一旦陷入困境，就可以一目了然地发现，开始解决复杂问题的最佳方法是快速"向上"进入"清晰"并得到3~4个早期选项。

小结：第三个解决方案通常是最好的。即使情况并非如此，快速采用第三个解决方案也会大大增加你解决问题的机会。

提示2：小团队"向上"，大团队"向下"

在解决任何组织的战略问题时，一个经典的难题是："我们应该邀请多少人来解决这个问题？"次级问题包括我们究竟应该邀请谁，以及我们应该如何主持会议（如围绕着一张大桌子举行的全体会议，或在分组会议中由几个小团队组成等）。简而言之：有多少人，谁，以及如何安排。

在回答之前，我想添加第四个维度：性格。广义上讲，主要有三种解决问题的性格，无论你是从自己的朋友和同事的圈子中寻找它，还是从艾伦·亚历山大·米尔恩的动画角色跳跳虎、小驴屹耳和小熊维尼中借用。我们的性格经常决定我们如何解决新问题，并且在适当的时候，你通常可以猜测不同的团队成员会如何努力解决问题，具体取决于他们是现实中的跳跳虎、小驴屹耳还是小熊维尼。

跳跳虎的主要性格特征是非常活跃和有趣的。它不怕失败，也不介意尝试新事物。如果没有成功，它会愉快地开始新的冒险。用跳跳虎的话来说，"这是跳跳虎最擅长的。呼呼呼！"跳跳虎在解决问题的"向上"阶段或最后的"推进"阶段是最乐观的,也是最有用的。

而小驴屹耳却总是郁郁寡欢的。它常常把事情往坏处想,它总是看到乌云而不是一线光明。也就是说,屹耳很谨慎,一点儿也不容易上当受骗。它绝不会接受不成熟的新想法。为什么?因为它觉得不会有什么好事发生。屹耳可以用它悲观的性格拖垮团队,但也能发现新想法中的缺陷。在解决问题的过程中,屹耳是至关重要的。

最后,小熊维尼是稳定、可爱和有爱心的。它总是把别人想得最好,使事情合乎情理。维尼逆来顺受,喜欢平衡的生活。它受到大家的尊敬和喜爱。小熊维尼是优秀的团队成员,可以确保整个过程平稳,并在任何项目的三个阶段("向上""向下""推进")中都能提供帮助。

考虑到这一点,对于任何战略性问题的解决,我的建议是确保工作队伍中至少有1/3的人是跳跳虎,最好是每种人格类型占1/3。跳跳虎可以给人以冲动,小驴屹耳可以用来发现瑕疵,小熊维尼可以使事情保持运转。

一共需要多少人须视情况而定。大多数工作小组或会议都有来自公司不同部门的代表——他们可能是职业专家(战略、营销、财务、销售等)、区域(国内市场、已建立的市场、新兴市场等)或任何其他部门的代表。这通常能很快增加相关的人数。在解决问题的"向下"阶段,这未必是个问题。参加的人越多,一个想法的缺陷就越容易被发现。从经验来看,12~16人的会议是广泛的专业知识与个人参与的最佳平衡点。如果超过这个范围，人们就会感觉不那么投入了，可能是因为他们的发言或贡献机会很少。在事情的起步阶段（或者在大型组织的创办过程中），你可能从 4~6 个参与者那里获得大量的观点。

你会注意到在本书的"向上"部分中所看到的 3 个技巧，每一个都需要一个小时来完成，并且至少需要 4 个人。小团队更容易实现快速进展，前进得更快。因为小团队会关注每个参与者的贡献，否则可能会出现令人不舒服的沉默。相反，在大型会议中，每当有人提出一个想法时，总会有至少一个人准备立即否决它。

每个问题都不同，每个公司都不同。考虑到这些注意事项后，实现最佳结果的方法会遵循以下原则：

- 由 12~16 人组成的工作组。
- 举行两次会议，每次一个小时，隔几周一次。
- 在第一次会议之前，问题所有者将一份描述问题的备忘录分发给所有人，数据不要太多，最多半页。
- 第一次会议关注"向上"阶段。参与者被分成 3~4 个四人或五人的小组。随机将不同职业和资历的人组合在一起，但要确保每个小组至少有一个跳跳虎性格的人。
- 各小型团队同时开始工作（使用相同的技术），并在 15~20 分钟后进行交换，以进行新的研究并产生新的想法。
- 每个参与者都对自己最喜欢的 3 个想法（不包括自己的想法）进行投票。

- 问题提出者分发一份备忘录，其中概括了5~10个最佳想法，每个想法的长度有几行，并带有醒目的名称和"向上"的感觉。
- 第二次会议的重点是"向下"会议，要作为全体会议进行，确保所有异议均被记录并立即采取行动。
- 问题提出者负责任务组中的3个特定小组，并在会议后提出最后3个最佳构想，每小组对应一个构想。

小结：请在"向上"部分应用小型团队，在"向下"部分应用大型团队。

提示3：便利贴比笔强大

想象一下，你正在针对你的团队、职能、部门与整个公司等举办会议或研讨会，旨在解决一个复杂的战略问题。你已经邀请了12~16人，他们已经组成较小的团队进行"向上"练习。下一步你要怎么做？

让人们站起来。在解决战略性问题的"向上"过程中，大多数人的工作习惯对整体没有帮助。确实，大多数人整天都在独自工作，坐在笔记本电脑旁，并且常常保持沉默。随着年龄的增长，你仍然会在大部分时间里坐下来，但是与其独自一人沉默，不如花时间参加会议，倾听他人的声音并等待轮到你讲话的时机。虽然我大胆地简化了其中的步骤，但这并非遥不可及。

坐着的工作非常适合线性、高效的输出，而坐式会议对于协作决策非常有用。这两种方法都不利于右脑，即直觉性和创造性想法的产生；也不适合左脑，即结构化和有计划的想法的生成。

首先，众所周知，大多数创造性的努力都来自不同的身体姿势：没精打采地躺着或站着，而不是坐着。许多伟大的歌曲都是由一位乐师在深夜懒洋洋地躺在沙发上，漫不经心地弹着吉他，奏响几个和弦开始的。同样，在公园散步、跑步或淋浴也能消除许多创造性障碍。

获奥斯卡奖的编剧阿伦·索尔金每天要洗 8 次澡。这位《白宫风云》《社交网络》《新闻编辑室》的编剧发现自己最好的创意往往是在淋浴时产生的，于是他在办公室里安装了一个小型淋浴设备，以保持创造力。他说："我一天洗 8 次澡，不是洁癖，不是那样的。当我写作进展得不好时，我发现洗澡使我精神振作，这就是一种重新开始。我会去淋浴，再换上新衣服重新开始。"

我们大多数人都没有奢侈的空间在办公室里安装淋浴设备，但我们可以从这样一个见解中获得灵感：很多新想法都是在我们站着的时候产生的。另一个见解应该是，没有任何一种想法是完全成形的。在第一次灵感闪现之后，稿件需要一次又一次地修改、再修改和润色。

假设你刚刚完成了金字塔原理练习的初稿，如图 11-1 所示。你是项目负责人,一个团队成员刚刚提出了一些会改变结构的建议。下一步你要怎么做?是的,我们的反应很可能取决于建议的质量以及当前草案实际得到的支持情况。

想象一下下面有三个版本的小金字塔:一个是用笔写在纸上(纸),一个是用可擦除记号笔写在展示板上(展示板),还有一个是贴在窗户或墙上的便利贴上(便利贴)。

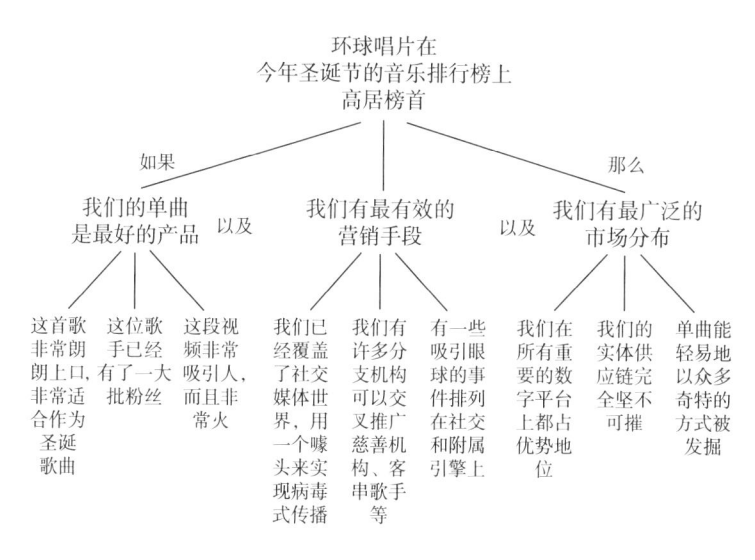

```
                    环球唱片在
               今年圣诞节的音乐排行榜上
                    高居榜首
         如果                           那么
  我们的单曲          我们有最有效的          我们有最广泛的
 是最好的产品   以及     营销手段     以及    市场分布
```

| 这首歌非常朗朗上口,非常适合作为圣诞歌曲 | 这位歌手已经有了一大批粉丝 | 这段视频非常吸引人,而且非常火 | 我们已经覆盖了社交媒体世界,用一个噱头来实现病毒式传播 | 我们有许多分支机构可以交叉推广慈善机构、客串歌手等 | 有一些吸引眼球的事件排列在社交和附属引擎上 | 我们在所有重要的数字平台上都占优势地位 | 我们的实体供应链完全坚不可摧 | 单曲能轻易地以众多奇特的方式被发掘 |

图 11-1 金字塔原理练习初稿

替换便利贴在物理上很简单,因此接受团队新建议的门槛真的很低。任何建议,无论多么微不足道,都会让你和你的团队的草案向着更受欢迎更进一步。写一张新的便利贴,并附上一些建议,移动其他的一些便利贴,搞定——10 秒内完成新的草稿。

在运用另外两种物件（纸、展示板）的情况下，改变当前的草稿会有较高的代价。这会在原始草稿（纸）上留下难看的划痕，或者不得不擦去而重写整个部分（展示板），从而为新的评论让路。我已经见过无数次下面这种情况了，如果改变辅助性物件是痛苦的，一个推动者会如何抵制同等水平的新增评论——通过创建一个更高的门槛来接受团队的建议，进而让有同等程度贡献的建议者更失望。无论使用何种技术（快乐线、突变游戏、收益表现等），都存在同样的问题。对团队的动力和最终产物的质量有影响的，就是团队用于把握其工作进展的辅助性物件的选择。身体姿势的选择也是如此。

总而言之，便利贴比笔强大——当大家都站着使用时更是如此！

提示 4：先投票，再争论

战略思维的正反面是发散性思维和收敛性思维，就好比呼气与吸气。

- 发散性思维可以缓解差异，带来复杂问题，鼓励不同的选项，并使你的思路得以发散来创出更多种类的事物。
- 收敛性思维试图快速达到一个结果，具有生产力意识、果断性，要意识到不断流逝的时间和不断消耗的预算。

以我的经验来看，会议的目的本是让人们集思广益，最终却让人不满地以分歧结束。原因很简单：讨论不同的观点会产生分歧。如果无人负责，两个观点非常相似的人可能会在同一个问题上讨论五分钟，仅仅因为他们的观点有微小的差异。你需要主动地去管理会议的进程，让它吸气、呼气，使会议在一个小时内多次收敛和发散。过山车式战略思维的每一个阶段都包含着很多实例。

例如，在快乐线练习中，思维开始发散，每个参与者提出一个关键购买指标，而这些是其他参与者还没有想到的。通过让观点存在差异而将不同的若干观点纳入小组的讨论，大多数组织都擅长这个。团队成员通过尽力向现有的问题里添加新的观点来做出贡献的观念是完全被接受的，甚至是受欢迎的。然后，一旦展示板上有 12 个或更多的关键购买指标，团队中的一个成员通常会说这可能已经足够多了，现在团队需要按照重要性递减的顺序对指标进行排序。从 12 个标准中选择前 3 个是一种经典的收敛性思维。在这里，许多组织遵循两种次优方法中的一种。

在一些组织中，我们之前看到的"最高薪人士的意见"原则正在被全面应用，而这种汇合仅需要 10 秒钟。只要最高薪人士做出选择，其他人就都同意了。当然，这样做的缺点是无法得到所有其他参与者的反馈，只能依赖于第一个答案。在其他更现代的组织中，从 12 个标准里选择 3 个标准被视为一种完全协作的实践，每个人都做出贡献并参与其中。原则上是伟大的，但在实践中往往不是最佳的，因为人们即使在意见上有微小的分歧，仍然可以花上几个小时长时间地争论它们（我经常看到一个五人的团队，其中两个队友因不同意第二与第三关键购买指标的顺序而争论，每次都会耽误好几分钟）。

一个人该怎么做才能找到收敛性思维和协作工作的正确组合呢？有3个因素需要考虑：

- 辩论的问题有多重要？
- 选项间差异的影响实质上有多大？
- 是否有一种更好的方法来更快地收敛而不需要这么多争论？

对于正在争论的问题的重要性，永远值得记住的是"搭建自行车棚"症候群。"搭建自行车棚"来自一个虚构的委员会，该委员会必须批准一个核电站和一个自行车棚的计划。他们对核电站知之甚少，但只是简单地谈论了一下，同时也仅仅是批准了摆在他们面前的建议。因为他们都知道自行车棚，他们能聊上几个小时，争论建造方法和油漆选择等一切问题。"搭建自行车棚"是一个令人印象深刻的短语，用来提醒一群人他们可能会专注于无关琐碎的事情。

关于不同选项的影响，事情很简单。这两个选项要么会产生两个不同的结果，要么不会。如果这两个选项的结果都是一样的，那么让我们停止争论，选择一个（如果需要的话，可以抛硬币）。然而，如果这两个选项产生了不同的结果，那么让我们同时选择两个选项，并依次处理每个选项。因此，在决定两种选项有多大必要继续争论下去之前，先问问自己，两者带来的结果会有什么不同。

最后，关于技巧的问题，我在培训中会使用五颜六色的圆点。一旦团队完成了一项活动的发散阶段，我就会给每位参与者发一批彩色的圆点。每个人都会在 10 秒内默默地把圆点贴在自己喜欢的选择上。具体细节因使用的技术（快乐线、金字塔原理、突变游戏等）而有所不同，但结果总是相同的：更快地集中，更少地争论。

你将会惊讶于这个过程是多么迅速，而且没有痛苦。先投票，再争论。这些圆点能让每个参与者感觉到他们的观点是重要的，并且已经被听取了。每个人只需要 10 秒，而不是 1 分钟。这还有助于让参与者发现团队中大多数人的观点，以及坚定地意识到他们与大家的观点存在微小分歧的重要性，从而展开争论。这个基于小圆点的过程不能消除争论，但优化了它。不要浪费时间讨论每个人都大致同意的事情。要确保花在争论上的时间被引向了最重要的问题，以及不同选项之间的实质性差异。

总而言之，在收敛性思维中，首先投票，然后争论，而不是反过来。这些圆点就是有这样的作用（正如英国议会议长所说的那样）。

提示5：对人工智能说"你好"

迄今为止，人工智能在解决复杂商业问题方面尚未产生巨大的革命。过去30年来，数字技术的日益普及改变了商业和决策世界。人工智能在未来几年也会这样做，尽管方式明显不同，因为数字是一个精确科学的世界，而人工智能是一个概率的世界。

支持数字技术的算法可以在取代人工的同时将良好数据转化为更优质数据。例如，当在线填写纳税申报表时，税务机关的算法会提取你输入的所有数据，并立即估算你的纳税金额，而无须额外的人工工作。同样，超市或街角商店的自动收银机也可以自动扫描。如果输入的数据有问题，则输出数据将是错误的（例如，如果你的报税表中的工资报告有误，如低报收入），否则输出数据将始终是正确的。

相比之下，在人工智能中，即使是好的输入数据也会导致糟糕的输出数据，因为输出是统计生成的，而不是机械生成的。例如，一个专用于通过肺部X光片识别肺癌的人工智能系统。它将接受数千条X射线的"训练"，以识别癌症的存在，而人类处理者已经知道答案（是有癌症还是没有癌症）。当人工智能系统第一次看到未经人类预诊断的图像时，它提供的答案只能在统计概率的范围内是正确的。人工智能的世界是一个近似的世界，而数字技术的世界是一个确定性的世界。

这对战略思考和复杂商业问题的解决意味着什么？现在下

结论还为时过早。关于数据集、价值观设置和人工智能应承担的责任，我们仍然可以得出 3 个值得思考的真理。

- 人工智能依靠过去的数据工作。如上所述，训练人工智能系统需要基于预先存在的数据。所使用的数据集通常是收集了多年或几十年并且受到当时普遍观念的影响。有充分的证据表明，早期自动驾驶汽车上的人工智能很难识别女性和有色人种，因为人工智能已经接受了使用数百万张白人男性照片进行识别人的训练。这并不一定是故意的种族主义或歧视女性，只是反映了当时可用的照片清单。同样，如果你要构建一个人工智能系统来帮助预测一个人在一个组织中的职业生涯成功与否，它可能会显示白人、男性和中年是很好的预测指标。这在历史上是正确的。数据集本身并不能发现集合中缺少了什么数据，人类需要做这些工作。
- 人工智能建模被过去的价值观和 / 或程序员的价值观高度扭曲。我们已经看到了数据集是如何被扭曲的，甚至有时思维也可以被扭曲。例如，呼叫中心经理可能希望未来招募的员工符合表现出色的团队成员的特征，而这些人过去可能是有色人种的女性（美国国家航空航天局及其"人类计算机"在 20 世纪 70 年代的情况就是如此，2016 年的电影《隐藏人物》详细记录了这一点）。如今，任何筛选候选人简历的人工智能，在反映过去的价值观方面都可能存在偏差。手机中的文本预测是另一个可以反映程序员价值观的人工智能系统。当有人在文本框中输入"躲避"时,程序员会给出什么自动更正建议?没有,从统计上来看这最有可能出现,或是给出一个古板的建议?许多不太明显的扭曲思维的例子隐藏在许多人工智能系统的深层中,它们已经存在并即将现身于世。

- 人工智能的管理者与机器之间的责任是不明晰的。大多数银行将很快拥有自动审批贷款的人工智能系统,基于大规模的特征综合分析,可以使用应用统计确定信誉度。这在传统上是由银行经理做出的决策。如果贷款表现不良,银行的股东应该找谁负责?是银行经理、人工智能系统的程序员,还是人工智能系统本身?现在想象一下,在肺癌方面我们遇到了同样的问题。如果你是患者,人工智能宣布你没有得癌症,然后在几年后发现癌细胞遍布全身,只剩下几个月的生命。你该向谁提起诉讼,是医生、人工智能还是人工智能程序员?

现在说人工智能的盛行将如何影响整个战略思维还为时过早。在过山车式战略思维的"向下"部分中已经使用了人工智能系统来消除选项。例如,一场突变游戏可以快速创建数千个可能的替代句子,而训练有素的人工智能可能会帮助确定100个左右的优先选项,并且这些选项在统计上最有可能被证明是有用的。在"向上"部分,距离人工智能系统生成创意选项还有很长的路要走。与莱昂纳多·达·芬奇 10 倍版的拼写自动更正功能相比，大多数版本要更接近于一个巨大的拼写自动更正功能。从"推进"到"定论"的这一过程可能最先受到影响，在这里人工智能系统可以帮助筛选数百万个社交媒体，以判断你最近测试过的新想法是否做得好，是否应该进行大规模推广。

结论：对人工智能说"你好"。迄今为止，它对战略思维的"向下"和"推进"部分的影响尚不清楚，所以我们应该跟上事态的发展。

第十二章
结 论

战略可能是可怕的。所有的未来、所有的未知、所有的风险都不可预测。"我们目前对 X 的战略是什么？""我们的战略对 Y 有效吗？""我们是否需要对 Z 制定新的战略？"等等。

这本书没有让你沉迷于战略，而是让你专注于战略思考，以战略作为输出结果，以战略思维作为战略方法。如果你以一种高度战略性的战略方式来处理一个给定的问题，那么所产生的战略很可能会好得多。你会清楚、肯定、坚定地知道下一步该做什么。

我们看到，你和你的团队通常需要从战略上考虑你面临的特定问题，如果：

- 问题很大。
- 它存在于未来。
- 这是以前从未做过的。

- 可能只有很少的数据。
- 最好的答案不仅仅关乎于偏好。
- 需要得到证明以说服众多利益相关者。

反馈意见

在过去的 20 年中，我通过现场培训课程、在线课程、私人教练、全球网络研讨会等方式，帮助一万多人提升其战略性。就像你想到的那样，我收到了许多反馈，关于哪些东西是有用的，而哪些东西并没有引起人们的共鸣。有时候会在课程结束时立刻就收到，有些是在 6 个月后，有些会在 10 年之后，当之前的学员成为客户之后邀请我去训练他们的新团队时。我接触过的许多人都接受了培训后的调查，其他人则主动找我来分享两三个关键记忆，他们觉得这已经成为他们职业生涯的转折点（通常也是他们个人生活的转折点）。

请允许我把这本书中的结论部分委派给以前的培训学员。他们帮助我丰富了书中的内容，精练了趣闻逸事和案例研究，并逐渐挖掘了关键知识。以下是他们一直与我分享的 8 个最常见的反馈：

1. "战略思维对你的职业有好处。"
2. "战略思维是一种思维方式，而不是一个工具集。"
3. "未来不能被分析，它只能被创造。"

4."战略思维＝具有创造性＋具有分析性。"
5."你不需要真实的数据就能拥有真实的想法。"
6."你需要真实的数据才能拥有真实的解决方案。"
7."✕工具改变了我的生活。"
8."'向上—向下—推进'确实很有效。"

下面让我们一一展开，谈谈这些模块。

1. 战略思维对你的职业有好处

我得到了很多感谢。这些感谢来自和我们一起训练的时候第一次理解了战略思维的人。我知道，他们也知道，他们可以通过其他方式了解战略思维，包括阅读战略书，攻读工商管理硕士学位，创办一家初创公司，给非常有战略思维的老板当学徒等。在这里，我们并没有在争论我的教学是否比他们所接触的其他教学要好。只是多年之后，他们可以与同龄人稍加比较就注意到，表现更好的人与其他人之间有一个共同的主题。职业成功与战略思维能力之间存在明显的关联。

因果关系可能是更成功的人需要变得更有战略性（因为他们在新的责任和压力下不得不如此）。因果关系更有可能会反过来：那些更擅长处理战略问题的人，可能因此得到了利益相关者（老板、客户等人）的认可，并被委以重任，更好更快地走向成功。在管理创业公司的有限资金上，更有战略性的创始人也会走得更远，自由职业者和自雇职业人士也是如此。具有战略思维对你的职业生涯有好处，无论你选择哪种职业。

2. 战略思维是一种思维方式，而不是一个工具集

雇用我来培训其团队或公司的客户通常希望我能分享给他们员工一份工具与技术的完整清单，特别是在第一次培训之前。第一次培训结束后，所有参与者都评论说他们如何在短短几天内获得了完全不同的思维方式，他们看到了更快、更清晰的解决方案。他们意识到思维方式是关键所在，而工具集在某种程度上是次要的。

显然，你的工具集中拥有的工具越多，你可以处理的战略问题就越复杂。熟能生巧——瑜伽、钢琴、象棋和大多数其他形式的人类活动都是如此。但是，还有比你的工具集覆盖范围有多广泛、你有多长时间去实践更重要的事情。在战略思维中，就像在人类活动的许多其他领域一样，顿悟的时刻就是终于明白其中深意，恍然大悟，这说的就是心态。

在战略思考的特定情形下，当你意识到你需要一种不同的解决问题之法来应对复杂问题以得出令人信服的结论时，你就会明白这一点。你完全接受这样一个事实：你在处理日常问题上所采取的方法对解决复杂问题不起作用，这是因为复杂的问题和战略问题主要存在于未来，而未来是一个不同的领域。

3. 未来不能被分析，它只能被创造

大多数人每天大部分时间都在"专家"模式下工作——了

解自己的工作、帮助他人、在自己的专业领域被公认为对所有问题都有答案,这是因为他们的很多工作都是由一份当前的专业人员待办事项清单和最近发生的危机带来的影响所决定的。

在过去的20年里,我培训的人覆盖了所有的商业岗位,如战略、市场、财务、产品管理、IT、人力资源以及销售等。通常情况下与我接触的人都非常擅长他们的工作,并且展现出极大的工作热情和强大的分析能力。让他们普遍感到困惑的是有些类别的问题并不会服从于他们最喜欢的方法:由极其聪明的人付出巨大努力分析大量的数据。你现在知道了,答案很简单:未来不能被分析,只能被创造。

未来有太多的非结构化和不可靠的数据,简单地通过蛮力来分析堆积如山的模糊事实是无法得出当前战略难题的答案的,包括人口演变、社会变化、人工智能、机器人、新的专业立法等。未来会有太多的变化,总有一种新趋势在你意想不到的角落里出现。如果你试图通过积累这些未来趋势的知识来解决一个复杂的问题,你总是会觉得你只差一天就可以找到令人难以捉摸的完美解决方案:"再给我一天时间,我就完成了。再来一份数据。"就像一个数据狂热者,永远不会有好结果。

不管你在哪个行业工作,从事什么职业,两年后你的工作都不会是原来的样子,因为你周围的一切都在改变。它让人不安,让人永远不能停下休息。这么多的未知,这么少的时间,唯一不变的是一种思考能力,即思考未来的新变化给你、你的团队、你的业务或行业带来的影响。你无法预知未来,但你可以通过想象一系列可能的未来，来构建自己对未来的反应。一个人如何创造这些可能的未来？

4. 战略思维 = 具有创造性 + 具有分析性

这一见解可以从两方面解读。有很强分析能力的人需要更多的创造力才能成为真正的战略性人才。相反，更具创造性特质的人则需要给他们未受约束的创造力装上分析引擎来变得更有战略性。

这种见解也必须从左到右去解读。要有战略性，首先要有创意，然后再分析。首先创建一系列可能的未来，然后分析这些不同的、可能的未来去发现最好的、可能的结果。

让组织变得更具战略性通常意味着找到一种方法让"创造型"的人与"分析型"的人很好地合作。给他们一个共同的词，相互欣赏对方扮演的关键角色，拥抱共同工作带来的卓越成果，并强调不同的人应该在不同的时间掌管事务。创意第一，分析第二。首先创造未来，然后分析它们。

让个人变得更具战略性是很困难的，因为这并不是让两个现存群体彼此和睦相处，而是让自己认识到某种技能可能根本就没有出现。在这里，帮助极具"创造力"的人意味着帮助他们建立自己的分析能力，而过去 20 年里，他们可能一直害怕数据，这让他们在学校里觉得自己如此渺小。同样，帮助高度"分析型"的人在此意味着，当他们可能对不确定性和强烈情绪的主观世界感到极度不安时，这会帮助他们建立自己的直觉肌肉。

要想成为一个更有战略性的人，就需要成为一个更全面的人。这至少是一份自我发展的工作（从内部开始），也是一份专业发展的工作（从外部的教练或培训师那里开始）。幸运的是，我们已经看到"向上"以实现"清晰"的技术可以被任何人掌握，无论他们的背景如何。

5. 你不需要真实的数据就能拥有真实的想法

一个好主意可能不是一个理性的主意，一个好主意甚至可能来自最不可能的地方。人们普遍认为儿童具有很强的创造力，然而儿童几乎没有值得一提的数据，但你不需要真实的数据就能有真实的想法。

分析数据真的非常有助于理解过去，但真的不太适用于理解未来。因为大多数预测被证明是错误的。未来的大部分数据就像一般的长期天气预报一样不可靠。

专业知识是为解决问题获取想法的一种很好的方式，但对于一个全新的问题来说它具有优缺点。一个专业人士是通过学习和积累其领域大量的数据才成为专家的。他们可能知道获取一个好点子的捷径，而其他人可能会错过。缺点是，专家总有办法冷落或低估别人的贡献，不管别人的主意有多么绝妙。历史上充斥着那些没有看到变革之风的从业人员和专家。

天才级别的创造力是受众追捧的思想的第三个来源，理应如此。我很幸运地在工作中看到了一些天才，他们在几乎没有数据和专业知识的情况下凭直觉判断、选择的能力令人敬畏，但这是罕见的，不能指望在你最需要的时候出现。

这里就是秘密武器的用武之地了。它能可靠地帮助你在项目早期提出意料之外的想法，无须太多数据、专业知识或天赋，而这个秘密武器就是结构。

金字塔原理、快乐线和突变游戏是三种杰出的结构化思维技巧，可以帮助拥有多项技能的同事迅速产生广泛的想法，而不需要投入太多的数据或专业知识。当你有了结构，你就不需要真实的数据来产生真实的想法。

6. 你需要真实的数据才能拥有真实的解决方案

做生意的首要任务是把事情做好，取得满意的结果。正如托马斯·爱迪生的名言："没有执行力的愿景只是幻觉。"迈克·泰森也表达了同样的意思，他说："每个人都有一个计划，但都被揍在嘴里。"

许多人热爱他们的想法、愿景与计划，以至于他们宁愿保持梦想，而不愿被现实证明是错的。他们想通过游说别人和自己的内心来证明他们的愿景是正确的。尤其是创业公司的创始人，他们能够展现出强烈的愿景，并且围绕这些愿景创造出一个扭曲事实的领域。但它只能持续很短的时间，或者在主观性占优势的领域持续下去（主要是艺术或者其他纯粹创造性的领域）。就像地心引力一样，现实不能被否认太久。就像罗伯特·彭斯说的那样，不管是人还是鼠，即使最如意的安排设计，结局也往往会出其不意。

上面两段话中有三句话，都强调我们正在面对一个普遍真理。你可能不需要真实的数据来产生真实的想法，但你确实需要真实的数据来产生真实的解决方案。除非你的想法被残酷的现实考验过，否则你的想法还不是一个解决方案。

这一特定的真理是许多培训参与者提到的，他们花了很长的时间来接受和消化。他们在课堂上从理论上理解了它，你们在读这本书的时候应该也理解了。但要真正了解这里所包含的真相，唯一的方法就是通过失败——可悲的失败、很大代价的失败、完全出乎意料的失败。我有过一些失败。只有当一个重要的计划失败了，而且你还清楚地记得你是多么确信它会成功时，你才会真正意识到，除非你有真正的数据，否则你不会有真正的解决方案。所以，尽可能快地、廉价地、经常地去经历一些失败吧。

收益表现矩阵、场景分析和精益创业是三种卓越的技术，可以帮助你发现你当前的某个想法是真正的宝藏，而且能在与现实的接触中生存下来。它将在未来几天、几个月或几年里为你的战略问题、业务、职业、团队或你自己提供出色的解决方案。

7. X工具改变了我的生活

我们在本书中看到的每种工具或技术都有特定的作用。金字塔原理在构建一个理想的终点时非常有用（当你知道你想要什么样的成功时效果最好）。当你知道自己的起点有问题，对终点毫无头绪时，突变游戏的效果最好。在人们需要帮助的时候，往往会对最能帮助他们的工具做出强烈的反应。当你两手空空地面对一碗汤时，你会非常感谢有人递给你一把勺子，但在那个时候给你一把刀你会感觉很寒心。你的热情在很大程度上取决于你的迫切需要，而不是任何给定工具本质上反映出的更好一面。

我对每一种工具的喜爱是相同的，因为我知道每一种工具都改变了人们的生活。在这本书里我们已经看到了 12 种工具（除了过山车式方法本身）。你脑海中现在可能有两三个你认为比其他工具好得多的工具。我可以向你保证，我也收到了人们的反馈，称赞这些工具是他们的最爱。

相反地，在几个月后重读那些你最不喜欢的章节，你可能会发现它们一直都包含着要点。你的需求会改变，你欣赏的事情也会变。也许 6 种说服他人的技巧中的一种会给你留下比最初记忆中更好的印象。无论是神经语言程序学、各种说服他人的方法、令人印象深刻的指标、袖珍版净现值模型，还是金字塔原理或广告界的自信气势。

8. "向上—向下—推进" 确实很有效

我已经记不清有多少次，培训参与者告诉我，他们为自己的团队画出了战略思维的过山车式形状。刚从一个培训课程回来的时候，这是他们想与同事、老板和直接下属分享的第一件事。

战略方法和其他三种方法（专家方法、分析方法、创造性方法）之间的对比似乎是每个人都能快速直观理解的。这是有道理的，感觉上是对的。更重要的是，事实证明这是真的。他们一次又一次地向我解释，每当他们面对困难的、战略性的问题时，他们都会回到"自上而下"的方式，总能用一个或多个工具找到一条途径。

我希望你能喜欢这本书，并希望它对你的职业及个人发展有帮助。如果有时间的话，请到我们的网站 www.strategic.how 告诉我们到底是怎样的。我非常期待你们的反馈，期待着与你们保持联系。

别担心，学会战略思维吧！

致　谢

对于帮助我完成这本书的许多人,我深表感谢。

首先,也是最重要的,是数不尽的商业顾问、企业高管和科技创业家,他们都是我培训的对象。他们帮助我发现新的战略思维概念,改进我的演讲技巧,并验证其在现实世界中的适用性。如果没有他们非凡的耐心、热情的支持和直率的反馈,就不可能有这本书。谢谢!

在我的职业生涯中,我一直心存感激,因为有很多导师督促我完成比我自己能完成的更多的事情。杰罗姆·贝迪耶、法兰克·比安切里、弗雷德里克·法伦斯和理查德·多赫蒂在我刚从火箭科学学院毕业的时候给了我一个机会,他们发掘了我对咨询、游说和在大型场所向数百人公开演讲的兴趣。谢谢你们为我的职业生涯开了个好头。

在离开欧洲工商管理学院之后,朱利安·维纳把我招进了高智商的咨询行业,并在后来开拓了我的思维,让我接触到生活中的情商。克莱尔·西勒里和乔迪·戴在这方面对我的成长做出了同等的贡献。在过去的 10 年里，多米尼克·图尔克一直是一个出色的榜样和我的决策咨询人。感谢你们给了我这么多成长的机会。

与客户合作 20 多年来，一切与此相关的事情都很重要，其中有些尤其有意义。支持一个全新的想法，在正确的时刻打开正确的门，提供支持，这些都教会我很多东西。我想感谢的客户有罗比·罗宾逊、约翰·皮特维诺斯、克里斯·奥特拉姆、吉尔·怀特黑德、卢克·詹森，让-米歇尔·莫洛和约翰·史密斯。谢谢你们，也谢谢这里没有提到的许多其他客户。

本质上，我现在是一个创意零售商，不断开阔视野，寻找伟大的新战略构想，大量尝试，拥抱那些在适当的努力下能提供丰厚回报的战略构想，然后抛弃其余的构想。在此，我要感谢与我一起工作的最佳创意的创造者：芭芭拉·明托、陈金、朱利安·维纳、埃德·麦克莱恩和埃里克·埃里斯。谢谢你们！

你可以想象，这本书涉及了大量的反馈、迭代和改写。我从雅克·穆伯特、罗素·戴维斯、马克·德·斯佩维尔、伯杰·斯蒂恩、约翰·史密斯、多米尼克·图尔克、埃德·麦克莱恩和伊万·马尔卡希那里得到了非常宝贵的反馈。感谢你们的建议、反馈和支持。

在企鹅出版社，我优秀的编辑玛蒂娜·奥沙利文很快就看到了这本书的前景，并热情地引导它完成了整个过程。我还要感谢肖恩·莫利·琼斯、艾玛·布朗、弗朗西斯卡·蒙泰罗，以及所有为这本书的出版而努力的人。

在整个出版过程中，我杰出的经纪人伊万·马尔卡希一直是我的顾问、合作伙伴和头号粉丝。他有一种惊人的能力，能找到恰当的措辞来打破沉默，缓解焦虑，同时让每个人都开心。谢谢你，我的朋友。

最后，我要面向未来，感谢读者们挑选这本书。我期待着你们的反馈，期待着你们阅读它，更重要的是，希望你们把这些技巧应用到你的职业生活中。所以，对你们，我也一样要说一声，谢谢！